EDITORA DO CONHECIMENTO

Auxiliando a humanidade a encontrar a Verdade

CÂNTICOS DA ALMA

Cânticos da Alma

Nelci Silvério de Oliveira

CONHECIMENTO EDITORIAL LTDA.
Fone: 19 3451-5440
www.edconhecimento.com.br
vendas@edconhecimento.com.br

Revisão: Mariléa de Castro
Projeto Gráfico: Sérgio Carvalho
Ilustração da Capa: Banco de imagens

ISBN 978-65-5727-022-6
2ª edição - 2020

• Impresso no Brasil • *Presita en Brazilo*

Dados Internacionais de Catalogação na Publicação (CIP)
(Angélica Ilacqua CRB-8/7057)

Oliveira, Nelci Silvério de
Cânticos da Alma / Nelci Silvério de Oliveira. — 2ª edição – Limeira, SP : Editora do Conhecimento, 2020.
100 p.

ISBN 978-65-5727-022-6

1. Ontologia 2. Ética 3. Filosofia 4. Religião 5. Moral 6. Cristianismo I. Título

20-1642 CDD — 111

Índice para catálogo sistemático:
1. Ontologia

Nelci Silvério de Oliveira

CÂNTICOS DA ALMA

2ª edição — 2020

EDITORA DO
CONHECIMENTO

Obras de Nelci Sivério de Oliveira
editadas pela **EDITORA DO CONHECIMENTO**

- O Evangelho de Tomé – 2012
- Os Evangelhos em sua Natureza, Essência e Profundidade – 2013
- A Filosofia, os Filósofos e a Incessante Busca da Verdade – 2015
- Uma oração para cada dia – 2016
- Os Emissários de Deus no Mundo – 2017
- O Homem, a sua Essência e a sua Circunstância – 2019
- Cânticos da Alma: A essência da Filosofia Perene – 2020

SUMÁRIO

PREFÁCIO

Que desejo eu com este despretensioso e modesto livrinho?

Almejo, com o mais excelso entusiasmo e com a mais profunda ardência e veemência do coração, que cada capítulo seja uma dose sintética e homeopática da mais universal, perene, libertadora, genuína, pura e autêntica Filosofia. Aspiro. Sonho.

Só isso!

Goiânia, março de 2001.

O AUTOR

APRESENTAÇÃO

Este livrinho sintético, em oitenta e oito pequenos capítulos, não é apenas mais um livro do autor. Trata ele do que há de mais sublime e profundo à consciência. Reflete a essência doutrinária da chamada "filosofia perene", que é a súmula metafísica de todas as grandes culturas e religiões.

Diz o autor no prefácio que este livrinho é "despretensioso e modesto". Desculpe-nos, mas discordamos. Pois sua temática é algo que não se enquadra perfeitamente em nenhum discurso humano. As profundezas do ser, feliz ou infelizmente, ainda continuam sendo, para todos os tipos de linguagem possíveis, o inefável.

Mas, por outro lado, ao entoar os seus cânticos, o autor proporciona que a chama de um elevado sentimento latente, em geral esquecida, recobre a sua luz, reacendendo na alma aquilo que deveria ser a maior preocupação de todas, mas que realmente não é, talvez por comodismo, talvez por ignorância. O que ele sugere, em síntese, com seus cânticos, é que não devemos nos deixar levar pelo turbilhão do ego, o qual constitui, na maioria das vezes, a tônica predominante de nossas inquietações, falsas inquietações. Para além desse nosso nível comum de existência, o autor relembra, com acertada oportunidade, as grandiosas experiências que nos esperam, mas que nunca serão conhecidas, se persistimos no sistema de ações e pensamentos que se leva.

Sua linguagem é direta e simples, intuitiva e sem rodeios, como o exige o próprio objeto. Aqueles que abordam de forma rebuscada e abstrata o Ser, o que fazem mais é escondê-lo, ou dificultar o Seu caminho verdadeiro.

Aqui o leitor iniciado encontrará um pretexto para a sua recapitulação, e o não iniciado, se for um sincero buscador, poderá, sem duvida, experimentar muitas intuições úteis ao seu autoconhecimento. Porém, advertimos: àqueles que só buscam passatempo, diversão, abstrações teóricas e outras futilidades semelhantes, este livrinho sintético certamente não terá nada a oferecer-lhe. Que o leitor, portanto, não venha a perder o seu tempo com ele. De cada palavra ou frase, façamos bom proveito!

Prof. Waldir S. Guimarães
FIT/UCG

1

CREIO NOS CÂNTICOS DA ALMA

Creio na Luz Metafísica Divina que, embora sendo IMÓVEL, movimenta todo o sistema; ETERNA, rege todo o turbilhão ciclópico do tempo; ILIMITADA circunscreve todas as dimensões espaciais; INFINITA, divide todos os finitos; ABSOLUTA, organiza todos os relativos; Luz que inobstante não tenha SOM algum, comanda toda a majestosa Sinfonia Cósmica do Universo.

CREIO nos homens enquanto superiores notas musicais desse sublime e maravilhoso concerto existencial, sejam elas desafinadas e confusas, como as que produzem as multidões involuídas e desesperadas, sejam, principalmente, as que, dentro do TOM, do RITMO e do COMPASSO, ascendem dos autoiluminados de todos os tempos.

CREIO, por tudo isso, na humildade franciscana do AMOR INCONDICIONAL; no PRINCÍPIO SOCRÁTICO do auto-conhecimento para a auto-realização do homem no *VENERATIO VITAE* do Albert Schweitzer; no AMOR À VERDADE e no APEGO À NÃO-VIOLÊNCIA ATIVA do crístico e não-cristão Mahatma Gandhi; e na LUZ UNGIDA do Nazareno, derramada no Sermão de todas as montanhas.

CREIO NOS CÂNTICOS DA ALMA.

CREIO NA ALMA QUE CANTA.

2

O UNIVERSO

UNIVERSO é certamente uma das palavras mais fortes, profundas e belas da língua portuguesa. Compõe-se de UNO e VERSO. *Verso* é o particípio passado do verbo *vertere*, em latim, que significa *derramar.*

Para os gregos, o Universo era *kosmos* ou beleza; e para os romanos, *mundus* ou pureza.

Infelizmente, os homens, quando falam em universo, só o vêem pelo lado de *fora,* pelo verso, e não pelo lado de *dentro*, pelo uno. Verso, em se tratando do Universo, quer dizer a *existência,* os finitos, as criaturas, o conjunto de todos os corpos, coisas e fenômenos que compõem a gigantesca obra da criação e de todas as leis gerais, que os regem. O Uno, todavia, é a *Essência,* é o *Infinito*, é o *Criador.*

Por conseguinte, o Universo é a Essência e a existência, o Infinito e os finitos, o Criador e as criaturas. *É o Uno e o Verso.* O Universo é a Unidade Qualitativa da Essência, derramada na pluralidade quantitativa da existência. É a Causa Única, Incausada e Causante, causando tudo quanto existe, e bem assim o conjunto de todos os efeitos causados.

O Universo é, portanto, o Deus no mundo e o mundo em Deus, não como entidades disjuntivas ou separadas, mas como um Todo Único e perfeitamente homogêneo, homogêneo e simultâneo.

3

A BIPOLARIDADE UNIVÉRSICA

Unidade na diversidade: esta é a Lei.

Tudo na existência é *bipolar* e funciona segundo o modelo do átomo, ou seja, em termos de elipses bicêntricas, desde o microcosmo ao macrocosmo. Vai do átomo às galáxias e aos sistemas de galáxias.

Dá-se a *bipolaridade univérsica* quando o Infinito Qualitativo da Essência produz todos os finitos quantitativos da existência, quando o Criador se manifesta em todas as criaturas, quando o Uno se revela no verso.

É o que ocorre também com o mundo existencial do homem. Assim, por exemplo, quando o *aner*, que é masculino e dativo, encontra-se com a *gyné*, que é feminina e receptiva, dessa união bipolar emerge um terceiro indivíduo biologicamente formado desse encontro fecundo e fecundante.

No âmbito da mente, a bipolaridade aparece como tese e antítese, de cujo confronto se saca uma síntese, que, por sua vez, transforma-se numa nova tese e, assim, sucessivamente.

No reino da metafísica, temos a religião e a Ética, a primeira, dativa; e a segunda, receptiva e dativa, ao mesmo tempo. Recebe-se, de graça, do Infinito e doa-se, igualmente de graça, para todos os finitos. Este processo pode tornar o homem numa poderosa antena de captação do Infinito e de retransmissão desinteressada para todos os finitos.

4

EM BUSCA DO SER

O Ser é eterno, sem princípio, sem meio e sem fim. É a REALIDADE que tudo realiza. Real é o Ser; irreal é o não-ser. E entre a luz do ser e as trevas do não-ser temos a penumbra do existir. Consequentemente, na existência nada é real nem irreal, mas apenas relativa e temporariamente realizado. Quando algo existe (*ex-sistere*) ou *está de fora,* é porque "nasce"ou vem do ser; quando *des-existe* ou desiste é porque "morre" ou volta ao ser. Esse *morrer,* no entanto, não é nenhum *acabar*, da mesma forma que o *nascer* não é nenhum *começar.* Tudo é nada mais que passagem de uma dimensão para outra dimensão.

O ser é como a luz incolor e invisível: dela nascem todas as cores. Assim também da Unidade Qualitativa do Ser surge toda a pluralidade quantitativa do existir. Os nossos sentidos percebem e a nossa inteligência interpreta todas as cores, mas não podem perceber nem interpretar a luz incolor, que é sempre inacessível. Do mesmo modo, percebemos também a existência, ao mesmo tempo que ignoramos, por completo, a Essência de onde toda a existência emerge.

Precisamos urgentemente buscar e encontrar o nosso Ser. Para tanto, temos de pôr o ego na retaguarda para servir. Infelizmente, porém, ele ainda continua na vanguarda e, mais do que nunca, deseja ser servido.

5

A TRANSCENDÊNCIA E A IMANÊNCIA DO INFINITO

Tudo o que ocorre no mundo quantitativo da física, sob os nossos sentidos, e que pode ser analisado pela nossa inteligência, são meras manifestações finitas, oriundas da Metafísica Qualidade do Infinito. O Infinito invisível, que produz todos os finitos visíveis, é *transcendente em Si mesmo* e *imanente* em todas as suas criaturas ou manifestações.

Podemos conhecer, através de nossos processos cognitivos comuns (os sentidos e a inteligência) a imanência do Infinito, mas, por meio de tais processos quantitativos jamais teremos acesso à transcendência. É verdade. Os sentidos e o intelecto são bipolares; só podem examinar coisas quantitativas, que são finitas; agem sempre por comparação e, por isso, só tiram conclusões parciais... Ora, o Infinito é pura qualidade!

A rigor, o homem não pode achar o Infinito. Contudo o Infinito pode achar o homem, se *o homem se tornar achável.* E o homem só se torna achável quando lhe abre seus canais receptivos, por meio da INTUIÇÃO racional ou espiritual. Aí, tudo é possível. A transcendência do Infinito nos encherá, então, do mais reverente assombro e, ao mesmo tempo, a sua imanência nos dará o mais suave de todos os amores. E não será nada incomum se alguém nos encontrar, à beira de uma estrada, completamente embevecidos ao contemplarmos uma florzinha do campo, ou mesmo um verme, aparentemente vulgar e completamente insignificante.

6

A LUZ DO MUNDO

Eu sou luz, eu sou a Luz do Mundo.

Eu sou a Luz do Mundo em mim e em tudo o que existe.

A luz que eu sou ilumina tudo o que eu tenho. Ilumina-me o *corpo etérico,* tornando-o puro, transparente e sem máculas; ilumina o meu *corpo emocional,* e os meus sentimentos se elevam e se enobrecem; ilumina o meu *corpo mental* e retifica todas as tortuosidades da minha vida; ilumina o meu *corpo físico*, lucificando-lhe cada molécula, cada célula e cada átomo. A luz que eu sou desintegra e elimina todas as minhas escórias existenciais involutivas.

Eu sou luz, eu sou a Luz do Mundo. Os homens espalhados pela superfície deste planeta também são a Luz do Mundo. Os seres humanos desencarnados, presentes nas várias dimensões evolutivas do Universo, igualmente são a Luz do Mundo.

Por isso, a todos os meus irmãos, encarnados e desencarnados, onde quer que estejam, eu estendo jubilosamente a minha luz e a chama rosa do meu amor incondicional.

7

A VIDA E OS VIVOS

Todos os sábios ou auto-iluminados, de todos os tempos e lugares, sabem que o Universo é a Essência Infinita, da qual brotam, sem cessar, todas as existências finitas.

Por isso, é de se dizer, sem nenhuma dúvida, que *todos os seres vivos individuais*, sem qualquer exceção, nascem sempre da VIDA UNIVERSAL e a ela retornam, em diferentes níveis ou graus de consciência. Assim sendo, os vivos têm princípio e têm fim; mas, a Vida, em si mesma, é sempre eterna e infinita.

A chamada "origem da vida", tal como os cientistas meramente intelectivos a discutem, é algo ridículo e sem nenhum propósito. É tão infantil quanto a enunciação de um círculo quadrado! Podemos polemizar sobre a origem dos vivos, neste ou em qualquer outro planeta. Porém isto nada tem que ver com a Vida, que simplesmente não tem origem alguma.

O homem que compreende o poder da vida, nunca é rígido como um cristal. Rigidez é sinônimo de decrepitude e de morte. Ele é rígido como uma chapa de aço, duro, mas, flexível, *para poder evoluir*. É duro para com seu próprio ego, porém sempre magnânimo e flexível com o ego alheio.

A vida é *poderosa,* porque *plasmável,* e sabe adaptar-se às circunstâncias evolutivas, onde e quando uma adaptação se torne necessária.

8

O BHAGAVAD GITA

O Bhagavad Gita é o primeiro dos livros mais sagrados já revelados à humanidade deste planeta. Livro sublime. São dezoito capítulos de autoconhecimento e de autorrealização do homem.

Alguns filósofos da Índia, bem como a grande massa do Oriente, geralmente, pensam assim: "O homem age através do ego. Ora, o ego é fraco, ignorante e mau. Logo, o homem não deve agir, ou melhor, deve não-agir". Todavia, surge o Bhagavad Gita e propõe outra solução. O fato, basicamente, é o seguinte: O jovem Príncipe Arjuna teve seu trono e reino usurpados pelos próprios parentes e amigos (pai, avós, mestres, primos, filhos, netos, sogros, além de colegas e amigos), e, por isso, *não quer lutar* contra eles. Então aparece Krishna e o aconselha a retomar o trono, ainda que tenha de matar todos os usurpadores.

Mas, quem são eles?

Os queridos parentes e amigos a serem derrotados são os *prazeres dos sentidos, as loucas emoções do coração e os famigerados orgulhos da mente.*

Tais antigos *mestres* da inteligência, *amigos e parentes* dos prazeres do corpo e das emoções do coração, que há milhares de anos nos ajudam, são todos decorrentes do ego egoísta. Já cumpriram seu papel e agora tornaram-se obstáculos em nossa jornada evolutiva, razão porque terão de ser derrotados e postos na retaguarda *para servirem*, em vez de continuarem na vanguarda *para serem servidos.*

9

AS MANIFESTAÇÕES DE BRAHMAN

Na filosofia oriental, Brahman, enquanto Essência, é a Realidade Absoluta, eterna e infinita; é o UNO, o todo, o Ser em si, sem forma, sem espaço, sem tempo... Como existência, no entanto, é o NADA, pois, Brahman não existe, *siste ou insiste,* simplesmente é!...

O que existe não é; o que é não existe.

Brahman absoluto é infinitamente infinito em Si mesmo, mas está sempre imanente em todas as criaturas que dele emanam eternamente. Nenhuma criatura pode existir sem uma contínua ligação com o Criador. Se Brahman deixasse de *pensar* amorosamente o mundo por um segundo, por um segundo o mundo desapareceria como se jamais tivesse existido! Essa onipresença de Brahman em todos os finitos denomina-se *atman,* que, em nosso idioma significa alma (*anima*, em latim).

Aqui no planeta Terra, o *Atman* humano, que é o Cristo Interno ou Deus no homem, é a mais perfeita imanência de Brahman que se conhece. Sob esse aspecto, Deus é eterna e objetivamente *presente* no homem, embora os homens, em sua gigantesca maioria, possam estar, temporária e subjetivamente, *ausentes* de Deus. É que o grau dessa presença subjetiva varia de homem para homem, conforme a experiência espiritual e a idoneidade receptiva de cada um.

O conjunto das manifestações de Brahman denomina-se *maya*. *Maya*, que é a presença existencial e objetiva de Brahman, significa, portanto, o aspecto externo e visível de *atman*.

10

AS TRÊS FORÇAS DA NATUREZA

Segundo a concepção básica da filosofia oriental, a natureza compõe-se de três *gunas*, forças ou atributos: *SATTVA, RAJAS* e *TAMAS*, ou seja, *luz, fogo e trevas.*

Aplicando-se tais atributos às especificidades do homem, teríamos: como *SATTVA*, o método ou caminho para a sabedoria, surgindo daí o homem auto-iluminado, o homem-luz, o homem lucificado; como *RAJAS*, o homem intelectualizado, quantitativo, lógico, mundano, eficiente na arte de fazer; um *ego virtuoso* ou profano de boa vontade, enfim, um homem teísta ou crente; e como *TAMAS*, o homem boçal, estúpido, arrogante, vivendo para os sentidos e os prazeres do corpo, *um ego vicioso* ou profano de má-vontade, em suma, um homem ateu ou descrente.

Quando é que se percebe que o homem já venceu essas três forças da natureza? Quando ele vive nas alturas do Eu e não preso às baixadas do ego e acorrentado aos seus desejos e grilhões; quando, iluminado pela sapiência da luz (*SATTVA*), anda pelo mundo do fogo (*RAJAS*) e das trevas (*TAMAS*), sem ser afetado pelo fogo dos desejos nem pelas trevas da ignorância; quando sobrepuja ou vence as tensões e tentações do mundo, sejam mentais ou materiais; quando sofre as adversidades da natureza e as perversidades dos seus semelhantes *objetivamente,* mas, sentindo-se *subjetivamente* como um simples espectador e não mais como ator nessa grande tragédia; em última síntese, quando transforma seu maldito dever num jubiloso e bendito querer.

11

O *AUM* DA FILOSOFIA ORIENTAL

A palavra *AUM* é o que há de mais misterioso e sagrado na filosofia dos Vedas. Ela significa o Universo, ou seja, a Essência e a existência, a transcendência e a imanência, a Unidade e a diversidade; é o sujeito em todos os objetos e, ao mesmo tempo, os objetos no sujeito.

AUM representa a grande sístole do imenso respiro cósmico do Universo. O chamado *Big Bang* é apenas o início da diástole ou expiração, que se abre em luz-energia-matéria, fechando-se, posteriormente, o ciclo na sístole ou inspiração matéria-energia-luz. O ciclo completo, segundo a filosofia Vedanta, dura 311.040.000.000.000 de anos!

Para a conscientização da transcendência-imanência de Deus no homem, a filosofia oriental recomenda ao neófito ou iniciado proferir vagarosa e intensamente esse sagrado trigrama *AUM*, cujo simbolismo espiritual é realmente magnífico.

Tudo é uma questão de vibração. Depois de expirar a última letra do *mantra*, que é o "M", numa vibração profunda e prolongada, sobrevém, então, a vibração inaudível do SILÊNCIO ABSOLUTO, a Pura Consciência, o Nirvana, a Pré-Tese eternamente anterior e posterior a todas as teses, antíteses e sínteses da existência.

12

O *YOGA*

O vocábulo sânscrito *yoga* é o mesmo que *zygos*, em grego; *jugum*, em latim; e *jugo,* em português. Jugo vem de *jungir ou unir*. Assim como o *jugo* une dois animais de tração para prestarem um trabalho, que um só não conseguiria, já que a união faz a força, assim também e com muito mais razão deve o homem *unir-se* a Deus, ao Criador, ao Infinito.

Yoga, é, portanto, religião.

Há vários tipos de *yoga*. Alguns são meramente preparatórios, como o *hatha-yoga* ou *yoga do corpo*, cujo propósito é tornar esse corpo maleável e dócil ao funcionamento dos yogas mais elevados, cujos principais são os seguintes: *Raja-yoga* ou *yoga da mente,* que é um conjunto de exercícios sistemáticos de concentração mental, a fim de disciplinar as ideias e os sentimentos do homem, voltando-os para o *serviço desinteressado* ao homem e à natureza; *karma-yoga* ou *yoga da ação,* do agir pelo não-agir, isto é, pelo reto-agir, que é o agir por amor ao Eu e não por amor ao ego, sem apego a qualquer fruto ou resultado; *bhakti-yoga* ou *yoga da devoção,* do sentimento, do coração. Trata-se do afeto no mais profundo sentido, do amor a Deus, ao homem e à natureza. É o *yoga* dos místicos; e *gnani-yoga* ou *yoga superior da sabedoria,* síntese e culminância de todos os outros, que ultrapassa as três dimensões do ego, física, mental e emocional, que vai além do *samadhi* e permite a introvisão qualitativa e crística do Eu.

13

A MEDITAÇÃO

O objetivo da meditação é fazer do homem um ser zero por cento pensante e, ao mesmo tempo, cem por cento consciente. O que vem depois é *indizível...*

Tem início a meditação com a concentração mental, a unipolarização do pensamento. O homem comum e profano é *pluripolar*, dispersivo. Sua cabeça é uma praça pública de pensamentos desordenados que a invadem sem convite e sem nenhum controle. Mas, se arrebatado por um entusiasmo, ainda que momentâneo, concentra seus pensamentos num determinado objetivo, mesmo mundano, sob o aspecto científico, artístico ou sob qualquer outro, consegue auferir resultados surpreendentes.

O que ocorre no mundo quantitativo da física dá-se muito melhor no reino qualitativo da metafísica.

Após a unipolarização mental, segue-se o ego-esvaziamento físico-emocional-intelectual, que é a desobstrução dos canais humanos, por onde passam as águas divinas da Verdade Libertadora. Surge, então, a INTROVISÃO qualitativa do Eu, em que nenhum pensamento é possível e, muito menos, necessário. Esta transmentalização ou metanoia consiste numa entrega espontânea e total ao Absoluto e faz cessar no homem toda a bipolaridade existencial com todas as tensões e angústias correspondentes. É a grande libertação, que o homem inexperiente e profano, mesmo de boa vontade ou virtuoso, sequer pode imaginar...

14

O VERDADEIRO CONHECIMENTO

Tudo que ultrapassa os limites do equilíbrio e hipertrofia o ego causa egoísmo e, em consequência, a infelicidade do homem. Quando o ego pretende fazer ou deseja mais do que aquilo que o Eu permite, entra o homem em desequilíbrio e o resultado é sempre mais infelicidade, ainda que o ego esteja navegando num oceano de prazeres.

Mas, quando é que o homem pode saber qual é a justa medida das coisas? Quando busca e encontra o seu próprio centro, e age de acordo com este comando central. É exatamente isto que o sábio sabe e faz, e é por isso que é sábio. Quando integra, assim, o seu estreito ego quantitativo na largueza do Eu qualitativo, cumpre o homem a ordem cósmica e torna-se necessariamente um sábio.

No começo, tal processo parece suicídio, assemelhando-se a um *salto mortal* para o abismo. Todavia, com coragem e perseverança, o ego acaba percebendo que não morre, que não se desintegra. Verifica que, na verdade, o *salto é vital* e toma a direção da Luz, das alturas sublimes da Verdade Libertadora. É como afirma Jesus: "Se o grão de trigo não morrer, ficará estéril; mas, se morrer, produzirá muito fruto."

O verdadeiro conhecimento que daí resulta não pode ser provado, pois não é provável; é realmente certo e não deixa dúvida alguma. Por isso, cada homem terá de encontrá-lo mais cedo ou mais tarde, dentro de si mesmo, na zero dimensão de espaço e na zero duração de tempo.

15

A INTELIGÊNCIA CONTRA A RAZÃO

O homem, em sua multimilenar jornada evolutiva, já viveu no império dos sentidos, quando nem sequer sabia de sua própria existência. Era o *homo sentiens*.

Um dia, porém, emergiu das trevas dos sentidos para a penumbra da inteligência. Desde estão, o *homo intelligens* acha-se estendido na bipolaridade do bem e do mal, do bem que almeja, sem sucesso, e do mal que não consegue evitar. "Coisas boas, vejo-as e aprovo, mas sigo as piores", já dizia Ovídio. Paulo, por sua vez, lamenta: "Faço, todos os dias, o que não quero; quero, todos os dias, o que não faço." Finalmente, suspira Agostinho: "Tornei-me para mim mesmo uma triste morada, na qual não posso ficar e da qual não posso sair."

Ainda é terrível a tirania da inteligência sobre a majestade da razão. Contudo, é nossa vocação natural e nosso destino superar os estreitos limites da inteligência, transmentalizar-nos e, desse modo, culminarmos na pleniluz da razão. Alguns exemplares mais avançados de nossa espécie já o conseguiram, enquanto a multidão coletiva continua marcando passo nos domínios da mente, que mente despudoradamente... Mais cedo ou mais tarde, porém, o *homo intelligens* de hoje transformar-se-á no *homo sapiens* de amanhã, ao atualizar sua potencialidade racional ou intuitiva. Então, o velho homem adâmico do ego cederá seu lugar ao novo homem crístico do Eu.

16

O DESAPEGO

Quem se apega a alguém ou a algo, vira escravo. O apego a qualquer coisa, que é existencial e quantitativa, impede o homem de alçar voo para o Infinito Qualitativo. O apego é barôntico e gravitacional e sempre puxa o homem para baixo. Por isso, o amor verdadeiro é necessariamente *incondicional* ou desapegado.

Pode-se e deve-se amar os parentes e os amigos, porém, *desinteressadamente,* sem apego ou sem paixão egoica. Só assim podemos amar também os inimigos, amá-los pelo que eles são e não pelo que eles fazem.

Detestar o mal é preciso; contudo, mais necessário ainda é amar os malvados. Malvados o são, por ignorância. E se, em vez de amá-los, os odiarmos, seremos tanto ou mais ignorantes e malvados quanto eles.

Quantos homens existem, que são capazes, por exemplo, de olhar uma mulher, apreciar sua anatomia e beleza, sem nenhum sentimento impuro de posse em seu coração, com o mesmo desinteresse ou desapego de quem olha para uma florzinha delicada e inerme à beira de um caminho?

"Não há heróis da ação, todos eles o são da renúncia, do sacrifício e do sofrimento" – afirmou Albert Schweitzer, ele que foi um dos homens mais ativos do nosso tempo. Viemos ao mundo para buscar e encontrar o nosso SER e não para apegar-nos loucamente às fantasias e muletas psicológicas e, muito menos, aos resultados materiais de nossas ações.

17

O SERVIR DESINTERESSADO

O homem é um Eu que tem um ego. Quem pensa perpetuar o ego pelo ego, engana-se e só colhe misérias. Mas, quem usa o ego para servir desinteressadamente ao Eu, tanto em si mesmo, como, sobretudo, em seus semelhantes, este se *autorrealiza*. É como diz Jesus: "Quem quiser salvar a sua vida (ego), perdê-la-á, mas quem a perder por amor a mim (Eu), este a salvará;" ou, ainda, Paulo de Tarso: "Eu morro todos os dias e é por isso que eu vivo; mas não sou eu (ego) que vivo, o Cristo (Eu) é que vive em mim."

A água é aparentemente muito frágil, mas, pela serenidade, silêncio e persistência, fura qualquer pedra, por mais dura e resistente que seja. A água é um dos símbolos da fraqueza, porém, segundo os nossos padrões planetários, onde não há água não pode haver vida. Os seres vivos nascem na água e nela se desenvolvem. A vida é como a água, parece frágil, mas é universal e necessária.

Deus, que é a própria vida, é eternamente silencioso e eternamente realizador. Quem isso compreende, age sempre pelo silêncio e sem violência, age pelo não-agir ou *reto agir*, sem esperar nenhuma recompensa. Mas a recompensa, *uma vez não esperada*, vem de Deus, e vem *infalivelmente*, pois, o Infinito é *dativo* e se doa, de graça, para qualquer finito que for suficientemente idôneo para recebê-lo.

18

A GRANDEZA DO HOMEM

A grandeza do homem está em servir e não em ser servido, porque esta é a lei do Universo. Afinal, não chove igualmente sobre justos e pecadores? E o sol não ilumina a todos, santos e celerados? De maneira semelhante, estamos no mundo para servir e não para sermos servidos. Quem serve sem esperar nenhuma recompensa, serve ao Eu e não ao ego. O Eu é sempre o mesmo em qualquer criatura de Deus, ao passo que o ego, aparentemente, parece ser diferente, pois pode funcionar como santo ou como bandido.

O *Tao Te King,* bem como outros livros sagrados da humanidade, não nos deixa nenhuma dúvida sobre a grandeza do servir, sobretudo, nos capítulos 7, 9, 13, 22, 34, 42 e 57, além de outros. No Novo Testamento está escrito: "Quem quiser ser grande, seja o servidor de todos"... e, ainda, "quem se exalta será humilhado e quem se humilha será exaltado". O *Bhagavad Gita*, por sua vez, assevera: "O ego é o pior inimigo do Eu, mas o Eu é o melhor amigo do ego.", "o ego é um péssimo senhor, porém, é ótimo servidor."

Grande, portanto, não é o homem que faz grandes coisas, ou pensa que as faz, ou se vangloria por causa disso. Grande é o homem que faz as coisas, qualquer coisa, por menor que seja, sempre *com grandeza de alma*. Grande é apenas o homem que vive normalmente na intimidade qualitativa do seu Eu, mesmo que, aparentemente, não faça coisa alguma.

19

SER BOM

Ser bom. Que significa isso?

Ser bom é receber a bondade do Infinito e irradiá-la desinteressadamente para todos os finitos. Ser bom é carregar entusiástica e jubilosamente a Cruz, não a cruz telúrica, sangrenta e fincada na terra, mas, a Cruz Cósmica, luminosa e verticalizada às alturas. Ser bom é conscientizar a paternidade única de Deus e a fraternidade universal de todas as criaturas, bem como manter inteira fidelidade a este duplo e fecundante conhecimento na "práxis" comportamental de cada dia.

Quem é bom apenas para os bons não passa de um egoísta deplorável e mercenário. Que direito tenho eu, por exemplo, de *desamar* o que Deus ama, se Ele ama todas as suas criaturas do mesmo modo e indistintamente? Assim como age o pai, também nós, seus filhos, devemos agir, amando incondicionalmente a todos os finitos, sobretudo, aos nossos semelhantes.

Que vantagem pode existir em amar tão-somente aquilo que é amável, se até mesmo os piores bandidos fazem isso? Difícil é amar o que é *desamável*; difícil, porém mais do que necessário.

Só pode praticar verdadeiramente o bem quem é bom em si mesmo, desinteressada e incondicionalmente bom. Este é um iniciado, um homem sábio. Os demais, ainda que teólogos, filósofos e cientistas, por mais eruditos e brilhantes que sejam, não passam de profanos e saberetas.

20

OS QUATRO PRINCÍPIOS DO BUDISMO

A filosofia budista se baseia em quatro princípios ou pilares que a sustentam. São eles: O sofrimento, a causa do sofrimento, a supressão do sofrimento e o modo de suprimir o sofrimento.

1. *O sofrimento.* Sofrer é a própria condição do homem no mundo. Assim, por exemplo, nascer, tornar-se velho, ficar doente, apegar-se a alguém, separar-se de quem se ama, não obter o que se deseja... Tudo é sofrimento!

2. *A causa do sofrimento.* É o malfadado e impuro desejo de individualização, que acabou por encerrar o Eu universal e central do homem nos limites estreitos e periféricos do ego existencial.

3. *A supressão do sofrimento.* É o perfeito conhecimento sobre a verdadeira natureza humana, libertando-se, portanto, o homem de toda e qualquer ilusão sobre si mesmo.

4. *O modo de suprimir o sofrimento.* É o caminho, a senda, a meditação profunda, intensa e frequente, que permite ao homem a transmentalização ou metanoia, em virtude da qual ele descobre o Eu eterno e imortal, muito além do ego individual percebido pelos sentidos e pela inteligência.

Para que o homem conheça a sua condição sofredora e dela se liberte definitivamente, BUDA propõe ainda aos seus discípulos a máxima fidelidade a oito sentenças, que são os oito caminhos da redenção: Retitude de conhecimento, retitude de intenção, retitude de palavra, retitude de atos, retitude de profissão, retitude de esforço, retitude de recordação e retitude de realização.

21

O NOVO TESTAMENTO

O Novo Testamento é o terceiro dos livros mais sagrados da humanidade. O *Bhagavad Gita* e o *Tao Te King* constituem o primeiro e o segundo, respectivamente, em ordem cronológica.

O monoteísmo, como característica inconfundível de Israel no mundo antigo, faz da civilização hebraica uma cultura especialíssima e projetada no mundo. Isto se dá naturalmente com o Antigo Testamento. Quanto ao Novo Testamento, embora sendo herança e continuação do Antigo, *ultrapassa-o completamente,* pois se dirige não mais ao povo judeu de forma exclusivista mas a todos os homens da Terra. Além disso, lhe é infinitamente superior, pois é *rigorosamente monista*, tanto assim que Jesus sempre enfatiza: "Foi dito aos antigos; eu, porém, vos digo..." Mas, para isso, é preciso esclarecer alguns tópicos, cujas traduções e interpretações erradas circulam por aí, de boa e de má-fé. A principal delas é a seguinte: Disse Jesus: "Não penseis que vim revogar a Lei e os Profetas. Não vim revogá-los, mas dar-lhes pleno cumprimento..." Não é verdade. O que ele realmente disse foi: "Não julgueis que vim abolir a Lei e os Profetas; não os vim abolir, mas completar..." *Completar!* (*plerosai*, no texto grego do século I; *adimplere*, na tradução da Vulgata latina). Jesus veio completar o Antigo Testamento. Moisés é a Lei, Jesus é o Amor. O amor não revoga nem cumpre a Lei, leva-a à perfeição, dá-lhe um sentido e uma finalidade. Confiram, por exemplo, o episódio da mulher adúltera. Pela Lei, seria apedrejada...

22

JESUS E O CRISTO

A identificação do Jesus humano com o Cristo divino é absurda e tremendamente prejudicial à evolução espiritual do homem. Neste terreno delicado, as nossas teologias cristãs continuam tão equivocadas e atrasadas como o eram na própria época do nazareno. Naquele tempo, pergunta Jesus aos doutores de Israel: "Que vos parece do Cristo?" Respondem eles: "É filho de David". "Se é filho de David, como é que o próprio David lhe chama "meu Senhor"? – retruca Jesus. A teologia oficial até hoje continua devendo a resposta. A verdade é que Jesus é *um* Cristo, isto é, um homem cristificado como outros homens, antes e depois dele. O Cristo, por ser "a luz que ilumina todo homem que vem a este mundo", é onipresente; está *objetivamente* presente em cada criatura humana. O homem é que pode estar *subjetivamente* ausente do Cristo. Esta é a única diferença, por exemplo, entre Jesus e Hitler.

Em cada um de nós – reconhece Huberto Rohden, vive o mesmo Cristo Cósmico, mas em forma diferente daquela que vivia em Jesus de Nazaré. Cada um de nós é um veículo telúrico do Cristo. Quando o Cristo está em duas pessoas, esse Cristo é o mesmo em sua *Essência Cósmica,* mas não é o mesmo em sua *existência humana*. O homem só se cristifica ou se autoilumina quando evolui espiritualmente e na exata medida dessa evolução.

23

A CRENÇA E A FÉ

A confusão entre *crença e fé* é tão deletéria quanto a identificação de Jesus com o Cristo.

Em grego fé é *pistis*, e *ter fé* é *pisteuein*. No latim, fé é *fides*. Mas, não existe no idioma latino nenhum verbo que pudesse exteriorizar ou indicar a ação de ter fé. Substituíram-no, então, pelo vago e indeciso *credere*, que deu crer, em português. O latim é reconhecidamente uma língua filosófica e metafisicamente pobre e passou toda essa indigência à sua prole neolatina.

Crer é uma coisa, ter fé é outra muito diferente. Uma migalha de fé pode remover uma montanha ou curar um homem à distância. Veja-se o caso do *centurião romano*. Por outro lado, nem todas as crenças dos homens, somadas e multiplicadas, podem sequer mover um fio de cabelo. A conhecida sentença "quem crer será salvo", da qual tanto se usa e abusa, é de uma infantilidade pungente. A crença, em si, não pode salvar ninguém de coisa alguma. Isto é função da fé. Da fidelidade, da harmonia ou da sintonia incondicional que o homem mantém com Deus, acima de qualquer crença ou descrença.

O mundo vai mal, muito mal, porque aqui sobram crenças, ao mesmo tempo que nos falta a fé, um mínimo de fé.

24

O CAMINHO PARA DEUS

"Eu sou o caminho, a verdade e a vida; ninguém vai ao Pai senão por mim." (Jo 14:6) Quem disse isto? "Jesus de Nazaré", respondem afoitamente os profanos, com uma ignorância só comparável à própria arrogância. Se assim fora, bilhões de almas que viveram antes de Jesus e outras tantas e muito mais que vieram depois dele, como, por exemplo, as que moram no Oriente, estariam irremediavelmente e para sempre impossibilitadas de caminharem para Deus. Não. Tais palavras de sabedoria, verdade e vida, foram solenemente proferidas pelo próprio Cristo. Cristo as disse pela boca de Jesus, como as disse antes e as tem dito depois, em variadas formas, pelos lábios de outros profetas, videntes e autoiluminados, de outros homens cristificados de todas as épocas e de todas as paragens.

O Cristo, que é a consciência divina do homem, é o único intermediário possível entre o filho e o Pai, entre a criatura e o seu Criador. Livros sagrados, como a *Bíblia,* bem como qualquer religião organizada, só podem ser, na melhor das hipóteses, auxiliares indiretos nessa longa caminhada do homem para Deus. São como setas na beira das estradas, cuja função consiste em serem abandonadas e ultrapassadas por quem se disponha a seguir o roteiro que elas indicam. Tudo isso são valorações e não valores, são crenças e não a fé, são métodos e não a meta. Somente o Cristo é que, em qualquer dimensão evolutiva do Universo, mantém o monopólio da Verdade Libertadora.

25

O SENTIDO DAS PARÁBOLAS DE JESUS

De acordo com Mateus e Marcos, Jesus falava aos discípulos diretamente e sem rodeios. Mas, ao povo, só lhes falava através de parábolas.

O sentido das parábolas prende-se à ideia do *Reino de Deus* ou *Reino dos Céus* dentro do homem. Esse reino, é verdade, está presente em todo homem, porém quase sempre de forma latente ou dormente. É "luz sob o velador", é "tesouro oculto", é "pérola preciosa"... Cabe a cada homem despertá-lo em si mesmo, fazendo com que "a luz divina", que é o seu Eu, venha gradativamente fluindo de dentro para fora, e, assim, possa lucificar todo o seu ego, físico, emocional e mental.

O Reino de Deus é Verdade Absoluta e, como tal, é *indizível e impensável.* Jesus o sabia. Portanto, como manifestá-lo? – Somente por analogia, comparações, alegorias... parábolas! Tais parábolas brotaram da mais profunda *experiência direta* que Jesus possuía da Verdade Libertadora.

Em quase todas as parábolas do nazareno existem dois elementos fundamentais: um *símbolo material e um simbolizado espiritual.* O símbolo (um grão de mostarda, uma pitada de fermento em três medidas de farinha, o joio no meio do trigo...) é acessível a todos. O simbolizado, porém, é tão profundo que depende da evolução espiritual de cada um. O homem o entende conforme o grau de sua capacidade, sintonia ou receptividade. Daí, a magnífica plasticidade das parábolas.

26

O SERMÃO DA MONTANHA

O Sermão da Montanha é o mais perfeito programa da vertical Mística Divina, derramada na horizontalidade da ética humana.

Há séculos que as igrejas cristãs ocidentais sustentam, entre elas, uma guerra surda, cada uma reclamando para si o monopólio da Verdade Libertadora. Identificam os dogmas que defendem com a verdadeira doutrina do Cristo.

Essas polêmicas e controvérsias, essas teologias conflitantes poderiam desaparecer para sempre, dando origem a um credo universal, se todos os setores do cristianismo organizado abraçassem desassombradamente o Sermão da Montanha. Aqui não há nenhum dogma, no qual alguém possa acreditar, há, isto sim, um magnífico roteiro de evolução espiritual para ser vivido nas três dimensões quantitativas e periféricas do ego e na mais profunda dimensão qualitativa e crística do Eu.

O Sermão da Montanha é de uma clareza e de uma simplicidade tocantes. Nele não há qualquer dificuldade. As dificuldades, imensas, por sinal, residem na *prática.* Afinal, *morrer voluntariamente* no âmbito do ego, ainda que para viver *gloriosamente* na dimensão do Eu, deixar nascer o novo homem crístico sobre os escombros do velho homem adâmico é, para o inexperiente, uma verdadeira *cirurgia sem anestesia.*

A alma do Sermão da Montanha não pode ser *lida, ouvida, falada ou pensada;* só pode ser *vivida* em silêncio, espírito, verdade e plenitude.

27

AS BEM-AVENTURANÇAS

O Sermão da Montanha é o núcleo central, alma e coração, dos Evangelhos de Jesus. A noite que o antecedeu, Jesus a passou em MEDITAÇÃO, "em oração com Deus", com a alma mergulhada no Infinito...

De manhã, ainda aureolado de harmonias celestiais, deixou o nazareno transbordar para os finitos a mais autêntica mensagem do Infinito. Naquele momento, Jesus, no alto de uma das colinas de *Kurun Hattin*, era a mais poderosa antena de captação do Infinito e de retransmissão desinteressada para todos os finitos, que já se viu neste mundo.

Começa o Sermão da Montanha com as magníficas *bem-aventuranças,* beatitudes que não são propriamente ensinamentos. São, antes de tudo, raios finitos de uma luz infinita a se derramarem por todas as latitudes e longitudes do nosso Planeta. "Não são palavras ego-pensadas – diz Huberto Rohden, são experiências cristo-vividas." São, portanto, explosões de uma gigantesca implosão. Consequentemente, não podemos entender, por via inteletiva, tais beatitudes, nem mesmo podemos compreender o Sermão da Montanha. Para tanto, necessária se torna uma profunda *meditação,* semelhante àquela que o próprio Jesus experimentou naquela gloriosa noite. Depois disso, então, é preciso viver, em toda a plenitude, o espírito do Sermão da Montanha. Jesus mesmo o confirma, textualmente, em Mateus, 7:24 – 26.

28

"BEM-AVENTURADOS OS POBRES PELO ESPÍRITO, PORQUE DELES É O REINO DOS CÉUS"

Vamos examinar cada uma das beatitudes nos próximos oito capítulos do presente livrinho.

Algumas traduções para o vernáculo são tão infantis e equivocadas, que chegam a chamar de bem-aventurados "os pobres de espírito", como se algum idiota ou apoucado de inteligência pudesse, por isso mesmo, ser um bem-aventurado. Neste caso, o próprio nazareno seria manifestamente infeliz e estaria excluído do *Reino dos Céus*.

A expressão *ptóchoi tô pneumati*, em grego, bem como *pauperes spiritu*, sua tradução para o latim, diz *pobres pelo espírito,* segundo Huberto Rohden, ou, *pobres em espírito,* conforme Agostinho.

Quem são eles, esses pobres pelo espírito? Não são, certamente, aqueles que se tornaram pobres em virtude da má-fortuna ou de circunstâncias externas desfavoráveis. "Ser pobre não é virtude." Pobres, neste sentido mais elevado, são apenas e tão-somente os que se fizeram *materialmente* pobres, porque se sentem *espiritualmente* ricos, tão ricos que necessitam do mínimo, em termos psicológicos e materiais, para viverem com decência e com dignidade. São aqueles que, possuindo ou não bens materiais, deles se desapegaram *livremente,* em razão de uma profunda convicção interna. Seguem eles o conselho de Jesus: "Não acumuleis para vós tesouros na terra – mas acumulai bens nos céus", pois, ao homem não é possível servir a dois senhores, a Deus e às riquezas.

29

"BEM-AVENTURADOS OS TRISTES, PORQUE ELES SERÃO CONSOLADOS"

Pode um homem triste ser proclamado feliz ou bem-aventurado? Pode! Por quê? Porque existe uma diferença abismal entre *prazer e felicidade.* O prazer é coisa do ego e vem de fora para dentro; a felicidade é do Eu e surge de dentro para fora. Não dizia Paulo de Tarso, "transbordo de júbilo em todas as minhas tribulações"? Por outro lado, pode alguém ser completamente infeliz em meio a todos os prazeres.

A tristeza, de que aqui se fala, não é uma tristeza comum e qualquer. É a tristeza da disciplina que o Eu impõe ao ego, tornando-o dócil e manejável às mais elevadas exigências do Espírito. É o "caminho estreito" do dever, é a "porta apertada" da renúncia. Este *egocídio voluntário* traz, no começo, uma profunda tristeza. Mas, como o ego realmente não morre, pelo contrário, integra-se no Eu, e, assim, vive mais abundantemente, a tristeza se converte em bem-aventurança ou na mais profunda alegria. O que, inicialmente, tinha gosto de fel, agora tem sabor de mel. Uma migalha dessa alegria ou dessa felicidade espiritual vale mais do que todos os prazeres do Universo. Nenhum iniciado está disposto a trocar essa *bem-aventurada tristeza* por todas as ruidosas alegrias e todos os prazeres dos profanos, ainda que somados e multiplicados. Existe maior consolo?

30

"BEM-AVENTURADOS OS MANSOS, PORQUE ELES POSSUIRÃO A TERRA"

Os mansos possuirão a Terra. Quando? Quando os homens souberem que a verdadeira posse depende do consentimento do objeto a ser possuído. Atualmente a Terra e tudo quanto ela nos dá pertencem a homens violentos. Nada escapa ao assalto. Parece que possuem tudo. Mas as *aparências* enganam. Homens violentos não possuem coisa alguma. Primeiro, porque, em vez de possuidores, são possuídos de tudo quanto julgam possuir. O terrível apego aos objetos os torna miseravelmente escravos dos seus próprios desejos e do mundo. Em segundo lugar, porque a posse real e autêntica pressupõe uma relação de amor entre o sujeito e o objeto, ambos criaturas ou filhos de Deus. Mas a mente egoísta do homem violento não lhe permite enxergar a fraternidade universal de todas as criaturas. As relações que ele mantém com os outros seres da criação não são de amor, mas de domínio ou de agressão, razão porque só possui, se é que possui, o corpo e não a alma do objeto. E qualquer corpo sem alma é apenas um cadáver.

É uma deplorável ilusão da mente, com a cumplicidade dos sentidos, pensar que um objeto, mesmo *inanimado,* é uma coisa morta e totalmente inconsciente. O sábio, porém, sabe que tudo é vivo.

31

"BEM-AVENTURADOS OS QUE TÊM FOME E SEDE DA JUSTIÇA, PORQUE ELES SERÃO SACIADOS"

A Justiça, que leva um homem a ser feliz ou bem-aventurado, não tem nada que ver com a justiça que geralmente conhecemos, a justiça dos profanos, a justiça do Direito. Esta não passa de um freio ao egoísmo individual e à libertinagem coletiva. Serve para administrar a coexistência precária e sofrível dos profanos em sociedade e, nesses domínios, o máximo que ela consegue é uma certa tolerância, um armistício, uma paz armada. Mas, a Justiça dos iniciados, a Justiça que nos dá a Paz do Cristo, Justiça do Eu e não do ego, vai muito além. Tem ela a origem, a natureza e a majestade do Infinito. É a "Justeza" da criatura com o seu Criador, do filho com o Pai.

A fome e a sede dessa Justiça fazem do homem um "filho pródigo". A partir daí, sente-se ele enfastiado do mundo, desalojado e insatisfeito, um estranho no ninho. Brota-lhe a angústia metafísica das origens, a nostalgia da alma, uma veemente saudade do Infinito. Esta fome e esta sede é que abrem para o homem a mais sublime e a mais gloriosa de todas as jornadas: a que conduz o finito ao seio do Infinito, a criatura ao aconchego do Criador, o filho aos braços do Pai.

32

"BEM-AVENTURADOS OS MISERICORDIOSOS, PORQUE ELES ALCANÇARÃO MISERICÓRDIA"

O homem misericordioso é aquele que ama *desinteressadamente os míseros*, os nossos irmãos mais fracos na caminhada de retorno ao aconchego do Pai. Consola-os e alivia-lhes os sofrimentos. Misericordioso, por exemplo, foi Francisco de Assis. Um homem assim pratica a misericórdia e não espera qualquer retribuição ou recompensa. Seu *fazer* é uma pura e simples consequência do seu SER. Quando o Ser é bom, ele faz o bem por mero transbordamento, espontaneamente e por amor à própria bondade. Nada condiciona o seu fazer. Nenhum outro motivo o move em sua doação, seja a gratidão por parte dos homens, seja um prêmio celeste por parte de Deus. A própria misericórdia divina, que ele alcança, também é espontânea, é graça que vem de graça. Vem, porque, conforme as leis cósmicas que regem o Universo, a misericórdia de Deus está sempre disponível a todo homem que se lhe torne idôneo ou receptivo. Mas, para isso, *não basta fazer o bem, é preciso ser incondicionalmente bom*. Qualquer um pode fazer o bem, até mesmo pelos motivos mais egoístas e anticósmicos possíveis.

33

"BEM-AVENTURADOS OS PUROS DE CORAÇÃO, PORQUE ELES VERÃO A DEUS"

Quem se desapega dos bens materiais é um *pobre pelo espírito* e possui o Reino de Deus. Mas quem se desapega dos ídolos da mente e das descontroladas emoções do coração é um *puro de coração* e não só possui o Reino dos Céus como também vê a Deus.

Desapegar-se dos bens da matéria, possuindo-os ou não, não é fácil. Mais difícil, porém, é o desapego do próprio ego. Este abandono da megalomania pirotécnica que o ego tem de idolatrar-se a si mesmo é quase impossível. Considerar-se "servo inútil", conforme o sábio conselho de Jesus, principalmente, quando o ego cumpre todas as suas obrigações virtuosas, é mesmo um verdadeiro egocídio. Consiste em morrer voluntariamente antes de ser morto compulsoriamente. Mas, se o homem tiver a necessária coragem e sabedoria para trilhar o "caminho estreito" do desapego total e passar pela "porta apertada" da renúncia completa, verá, com certa surpresa, que o ego, na verdade, não morre. Algo morre, sim, pois não existe parto espiritual sem dor, mas não é o ego, é o *egoísmo*, é a própria impureza. Então, uma vez purificado de suas escórias existenciais involutivas, o homem mergulha na eternidade, numa viagem sem fim, de glória em glória, pelas maravilhas do Universo.

34

"BEM-AVENTURADOS OS PACIFICADORES, PORQUE ELES SERÃO CHAMADOS FILHOS DE DEUS"

Os homens sempre sonharam com a PAZ, mas nunca se livraram da guerra. E continuarão sonhando inutilmente, a não ser que cada um se pacifique a si mesmo. Enquanto não houver paz dentro do homem, será impossível eliminar qualquer tipo de conflito na família, na empresa, na escola, na igreja, nas nações. Um homem de paz, um pacificador, como, por exemplo, Jesus ou Gandhi, vale mais para a pacificação de seus irmãos do que todos os demagogos juntos, sejam políticos ou teólogos.

"Eu vos dou a paz, mas não a dou como o mundo a dá", disse Jesus. Por quê? Porque o mundo nada sabe de paz. O Príncipe do mundo tem sido o poder das trevas. Ele se impõe pela astúcia, pela força, pela violência. Enquanto isso, um homem realmente de paz, como Gandhi, afirma: "O amor plenificado de um único homem neutraliza o ódio de muitos milhões." E sua vida, enquanto esteve entre nós, foi, toda ela, uma confirmação prática desta verdade.

A paz só pode nascer de um coração puro. A paz só vem da mansuetude de quem já desenvolveu a consciência da paternidade de Deus e, por isso, sabe, por experiência própria, que todos somos igualmente irmãos na mesma e única fraternidade universal.

35

"BEM-AVENTURADOS OS QUE SOFREM PERSEGUIÇÃO POR CAUSA DA JUSTIÇA, PORQUE DELES É O REINO DOS CÉUS"

Justiça, em sentido espiritual, é a harmonia entre o homem e Deus, entre o filho e o Pai. Todos os seres mais avançados, de um ou de outro modo, sofreram por causa dessa Justiça. Jesus, possivelmente o homem mais feliz que já aportou a este planeta, também provou na alma e na carne esta inevitável perseguição. Porém, excelso e sábio como é, jamais se queixou. E quando tudo acabou, exclamou ele: "Está consumado!" Aos discípulos de Emaús, após a ressurreição, ele declara, pleno de graça e de verdade: "Não devia então o Cristo padecer tudo aquilo e assim entrar em sua glória?". (Lc. 24:26) Eis a mais profunda felicidade ou bem-aventurança que uma criatura pode experimentar. Maior glória não há.

Jesus, portanto, fala com autoridade e por experiência própria: "Arrastar-vos-ão perante reis e governadores e sinagogas; mas não vos perturbeis! Porque o servo não está acima de seu senhor: se a mim me perseguiram, também vos hão de perseguir a vós." E, a seguir, anuncia a vitória final para quem, paciente e amoroso, perseverar até o fim: "Bem-aventurados sois vós, quando vos injuriarem e perseguirem e caluniosamente disserem de vós todo mal, por minha causa; alegrai-vos e exultai, porque grande é a vossa recompensa nos céus." (Mt 5:11-12)

Assim seja.

36

O "PAI NOSSO"

O "Pai Nosso" faz parte do Sermão da Montanha, resplandecendo nos capítulos 5°. a 7°. do Evangelho, segundo o testemunho de Mateus. Insere-se em 6:7-13.

Certa vez, os discípulos de Jesus, os mais chegados ou mais íntimos, pediram-lhe que os ensinasse a orar. O "Pai Nosso" é certamente a magnífica resposta do nazareno. Não se trata de uma fórmula, destinada à recitação mecânica. Não é uma reza, como aquelas desfiadas longamente nas sinagogas da época ou no Templo de Jerusalém. A oração que o Senhor nos ensinou é, como veremos, um brilhante programa ou sublime roteiro de autoconhecimento e de autorrealização do homem. É a própria biografia de Jesus, conforme a abalizada opinião de Huberto Rohnen. Por isso, nenhuma inteligência o pode compreender ou captá-lo em toda a sua inteireza e plenitude. Somente uma alma intuitiva e afinada pela mesma frequência vibratória da alma crística de Jesus é que o poderia.

O "Pai Nosso", esta oração perfeita, compõe-se de *uma peremptória afirmação, três petições verticais, místicas e altamente metafísicas, e quatro petições da mais ampla ou vasta horizontalidade ética.* Examiná-lo-emos, tanto quanto possível, nos próximos e subsequentes oito capítulos.

37

"PAI NOSSO QUE ESTAIS NOS CÉUS"

"Pai..." "Haverá entre vós quem dê a seu filho uma pedra, quando lhe pede pão? Ou quem lhe dê uma serpente, quando lhe pede peixe?

Se, pois, vós que sois maus, sabeis dar coisas boas a vossos filhos, quanto mais vosso Pai que está nos céus dará coisas boas àqueles que lhe pedirem." (Mt 7:9-11).

"Pai Nosso..." Nessa simples proposição, Jesus estabelece, de forma definitiva, que a relação entre *Deus e o homem* é uma relação verdadeira de *Pai para filho! Deus é pai, não é padrasto.* Criou o homem não da tenebrosa vacuidade do nada, mas, da Luminosa Plenitude de si mesmo. Por isso, todo homem é um Deus *em seu ser,* embora, por ignorância, possa funcionar como um bandido no campo funcional *do seu fazer.* Ocorre, no entanto que o ser é eterno, enquanto o fazer é temporário. Todo homem é um Deus, deus-filho e não deus-pai e muito menos a Divindade.

"Pai Nosso..." Jesus não diz "Pai meu". Logo, Deus é pai de todos os homens, de toda a humanidade, de todas as criaturas, em todas as dimensões evolutivas do Universo.

"... Que estais nos céus..." "Céus", palavra grafada no plural e não no singular, não quer dizer nenhum lugar topográfico ou astronômico, para onde alguém possa ir. Significa, na verdade, o Uno do Universo, a Essência da existência, o infinito dos finitos, a Causa de tudo quanto existe. Indica o Reino da Verdade Libertadora, como também, o estado de espírito de quem se encontra nesse Reino.

38

"SANTIFICADO SEJA O VOSSO NOME"

"Santificado..." Que significa isso?

"Santo", além de *são, hígido ou sadio,* quer dizer também *inteiro, todo, cósmico e universal.* Santificado, no presente contexto, tem o sentido de *universalizado*, ou seja, presente em cada criatura, em cada finito, em cada molécula, em cada célula e em cada átomo de tudo quanto existe.

"... Seja o vosso nome..." Para os livros sagrados da humanidade, *nome* não é nenhum vocábulo arbitrário, que se pode utilizar para se designar algum fato ou fenômeno quantitativo da existência. Não. Em toda a *Bíblia,* por exemplo, nome significa a manifestação externa de uma essência interna. É a função visível da Essência invisível. Assim sendo, a expressão *nome de Deus* engloba a Essência na existência, o Infinito nos finitos, a Unidade na Diversidade. É o Uno no verso, é a sublime Sinfonia Cósmica do Universo.

"Santificado seja o vosso nome" quer dizer, então, uma solene e entusiástica petição para que Deus seja conhecido, amado, louvado e glorificado por todos os seres e todas as criaturas da existência, por todas as humanidades presentes nas várias dimensões evolutivas do Universo. Isto para que a existência inteira seja a explosão mesma da sabedoria e seja um canto de supremo triunfo e seja um hino da mais perfeita alegria.

39

"VENHA A NÓS O VOSSO REINO"

Que é o Reino de Deus? A uma pergunta dos fariseus, respondeu Jesus: "O Reino de Deus não vem com aparato exterior; não se pode dizer: ei-lo aqui ou acolá. O Reino de Deus está dentro de vós." (Lc 17:20-21) Encerra-se nessa afirmação a divina sabedoria do nazareno.

Em primeiro lugar, fica claro que o Reino de Deus não vem em algum tempo futuro, pois, *já se acha dentro do homem.* Basta que seja devidamente conscientizado. Nem mágica nem sacramento de espécie alguma nem dogma nem qualquer outro tipo de ritualismo exterior são capazes de revelar esse reino.

Em segundo lugar, o Reino dos Céus não têm localização geográfica ou astronômica determinada. "O Reino de Deus está dentro de vós". De vós, quem? Dos fariseus, dos discípulos de Jesus e dos homens em geral. Abrange, portanto, todos os homens, justos e pecadores, no mundo físico ou no mundo astral, ou em qualquer outra dimensão do Universo. Afinal, esse Reino não "é semelhante a dez virgens", cinco tolas e cinco sábias? Não importa que as virgens tolas não consigam ir ao Reino de Deus ao mesmo tempo que as virgens sábias. Irão depois, *oportunamente.*

O Reino de Deus está dentro do homem, mas de forma latente, potencial, não atualizada. Está dentro dele *objetivamente,* porém o homem pode estar, e quase sempre está, *subjetivamente* ausente desse Reino. Por isso, é preciso pedir sempre: "Venha o vosso Reino", numa atitude permanente de receptividade. É preciso nascer de novo, desta vez, não pela carne, mas, pelo Espírito. É preciso ser *solitário* com Deus e *solidário* com os homens.

40

"SEJA FEITA A VOSSA VONTADE, ASSIM NA TERRA COMO NOS CÉUS"

Segundo as teologias tradicionais das igrejas cristãs, Deus criou os anjos e muitos deles se revoltaram, alguns com tal intensidade, veemência e determinação, *que se perderam para sempre!* Deus, então, fez os homens, talvez na esperança de que por serem menos evoluídos, pudessem manter-lhe fidelidade. *Nova derrota divina!* Pois, a maioria dos homens, conforme nossas igrejas, *vai para as penas eternas do inferno.* Dois deuses, então, um do bem e outro do mal? Que pensar disso?

A verdade, porém é que nenhuma criatura de Deus pode desobedecer à vontade divina para sempre. Deus jamais perde sua soberania absoluta sobre criatura alguma; *nenhuma delas se perde.*

A vontade de Deus *é, foi e sempre será feita,* desde e para toda a eternidade. Ela funciona sempre, com o homem, sem o homem ou contra o homem. Não está em nós o poder de não cumprir a vontade do Pai. A nós nos pertence apenas a *forma* de a cumprir: *com felicidade ou com infelicidade.*

O que pedimos no "Pai Nosso" é simplesmente que a nossa vontade coincida com a vontade divina, que o cumprimento dessa vontade seja gozoso e feliz, próprio de homens auto-iluminados ou plenamente cristificados. É neste sentido que somos "servos inúteis". O que estamos pedindo, em suma, é que o nosso maldito dever transforme-se num jubiloso e bendito querer.

41

"O PÃO NOSSO DE CADA DIA NOS DAI HOJE"

Vimos as três petições altamente metafísicas do "Pai Nosso". Vamos ver, então, as quatro petições éticas. Esta, a primeira delas, nem mesmo ética parece ser. Aparentemente, não passa de um imperativo de ordem biológica. Mas, não. É muito mais do que isso. Herberto Rohden, depois de um erudito, consciencioso e profundo estudo desta passagem do "Pai Nosso", conclui que a palavra grega *epiousios*, traduzida por *cotidiano* ou de *cada dia,* foi mal compreendida, pois, na verdade, ela se refere à *natureza do pão* e "não ao tempo em que ele nos deva ser dado". A expressão "o pão nosso de cada dia nos dai hoje" significa, na verdade, *dai-nos tudo aquilo que é conforme à nossa natureza humana.* Isto, tendo em vista a nossa perene sabedoria e o constante auto-aperfeiçoamento que nos cabe realizar nos palcos da existência e em todas as dimensões evolutivas, pelas quais certamente passaremos, utilizando-as sempre como canais finitos, em busca do Infinito.

Seja como for, temos de estar totalmente receptivos às vibrações positivas irradiadas do Infinito. Temos de confiar sempre na fonte e nunca em seus canais. Podemos até mesmo acreditar nesses canais, mas por causa da fonte, da mesma forma que devemos amar toda criatura, por causa da origem comum que nos une e, por isso mesmo, nos faz irmãos na mesma e única fraternidade cósmica do Universo.

42

"PERDOAI AS NOSSAS OFENSAS, ASSIM COMO NÓS PERDOAMOS A QUEM NOS TEM OFENDIDO"

Perdoai (*perdonare*, em latim) compõe-se de "per", *inteireza, plenitude ou totalidade;* e "donare", *doar, entregar.* Em sentido pleno, o vocábulo quer dizer *doar o que tem e doar o que é.* Nesta acepção mais profunda, ocorre algo exatamente oposto ao que acontece no mundo. É que espiritualmente *o dar enriquece,* enquanto *o não-dar empobrece.* O dar alarga-nos os canais de receptividade para as magníficas vibrações do Infinito. Por isso, é sublime e doce perdoar.

Entretanto, tanto no texto grego como na tradução da Vulgata latina não existe o termo *perdoar.* Em grego, a palavra é *aphíemi*; e, em latim, *demittere.* Ambas significam *soltar, desligar ou libertar.*

Quem perdoa o faz porque *ainda* se sente ofendido, e quem se ofende é o ego frágil e egoísta que, quase sempre, *sofre de ofendismo agudo e de ofendite crônica.* Quem perdoa é o ego de boa vontade, o homem virtuoso. O Eu, porém, *que nunca se ofende,* não precisa perdoar. Está acima, vai muito além do perdão. O Eu, *inofendível pela sua própria natureza,* é capaz de libertar definitivamente o ofensor, de qualquer tipo de obrigação, sem jamais esperar uma retribuição, recompensa ou reciprocidade neste mundo ou noutra dimensão do Universo.

43

"NÃO NOS DEIXEIS CAIR EM TENTAÇÃO"

A tentação não constitui nenhum mal para o homem. Muito pelo contrário. Mal é cair na tentação.

Sem resistência não há evolução. E que são as tensões e tentações egoicas existenciais senão resistência para o Espírito? Estamos neste mundo como peregrinos do infinito, viajores eternos e incansáveis da eternidade. Precisamos das tentações para podermos evoluir em busca do Infinito que nos deu origem. Por isso e para isso viemos ao mundo; aqui estamos exatamente para sermos tentados. Ninguém escapa de provas e provações. Nem mesmo Jesus se livrou disso. Afinal, não foi ele conduzido pelo Espírito ao deserto para ser tentado pelo diabo? E no horto do Getsêmani, não chegou a suar gotículas de sangue?

O homem se submete necessariamente a tentações de todos os tipos, e, ao vencê-las percorre, segundo Teillard de Chardin, o seguinte caminho ou roteiro glorioso: HILOSFERA, BIOSFERA, NOOSFERA e LOGOSFERA.

Já vivemos nas trevas dos sentidos, pela dimensão física do ego, o que é próprio da hilosfera e da biosfera; estamos presentemente na penumbra da inteligência, pela dimensão intelectiva do ego, característica incontestável da noosfera; e partiremos, um dia, em busca da pleniluz da razão, pela dimensão qualitativa e crística do nosso Eu, ingressando na eterna e perfeita logosfera. Teremos, finalmente, cumprido o nosso destino.

44

"MAS LIVRAI-NOS DO MAL"

A conjunção adversativa "mas" tem, segundo Huberto Rohden, uma importância imensa na oração do "Pai Nosso". "Não nos deixeis cair em tentação, *mas* livrai-nos do mal." De que mal? Ora, *do mal de cair em tentação.*

A tentação é necessária, mas, de per si, não constitui nem mal nem bem. *Bem é vencer a tentação, mal é cair nela.* Realmente. Os fatos e acontecimentos existenciais, com os quais nos defrontamos, sejam provenientes das adversidades da natureza ou da perversidade dos nossos semelhantes, tanto os de prazer quanto os de dor, em si, são neutros e incolores. Nós e que os qualificamos e os determinamos com a nossa forma de agir ou reagir. Assim, o mesmo acontecimento que santifica um homem pode transformar outro num bandido. Nenhum bem ou mal nos vem de fora; nós é que o criamos com os nossos desejos, pensamentos e ações. No fundo, bem é aquilo que me torna *melhor* do que já sou, e mal é o que me faz *pior.* Mas isto depende exclusivamente de mim, e não de alguém ou de algum acontecimento externo ou fora de mim, seja qual for.

Hoje, o pior de todos os males para o homem é permanecer na *noosfera,* na bipolaridade egoísta da mente, enquanto evoluir em busca da *logosfera,* do reino universal e crístico do Eu, é o maior de todos os bens. Se alguém duvida, veja, por exemplo a *parábola dos talentos* ou a do *filho pródigo.*

45

ÚLTIMA SÍNTESE INTERPRETATIVA DO "PAI NOSSO"

Vimos o "Pai Nosso" e analisamos o seu corpo; entramos, na medida do possível, em sua intimidade; apreciamos a sua magnífica e perfeita estrutura; tivemos um vislumbre de sua divina mensagem.

Agora vamos propor um resumo, como última síntese interpretativa, segundo nossa pobre inteligência:

Pai amoroso nosso, de todas as humanidades, em todas as dimensões evolutivas do Universo;

Que estais nos céus infinitos da Verdade Libertadora;

Universalizada seja a Vossa manifestação em todos os finitos;

Venha a nós subjetivamente o Vosso Reino objetivo sempre dentro de nós;

Seja feita a Vossa vontade, que sempre será feita, assim na Terra como nos Céus;

Tudo aquilo que é conforme a nossa natureza humana dai-nos hoje;

Libertai-nos das nossas ofensas, assim como nós libertamos a quem nos tem ofendido;

Não nos deixeis cair em tentação;

Mas livrai-nos do mal.

Assim seja.

46

O PROFESSOR E O MESTRE

O professor tem alunos. Um mestre, porém, não tem alunos tão-somente. Um mestre, acima de tudo, tem *discípulos*.

As relações entre professor – aluno e mestre – discípulo são tão distintas como a água e o vinho. O professor ensina, enquanto o mestre educa.

O mestre *educa*. O mestre não se preocupa com o ter e o fazer quantitativos do mundo. O mestre está permanentemente ligado ao ETERNO SER do homem e é aí que ele realmente habita.

O mestre descobriu e atualizou em si mesmo a eterna "luz que ilumina todo homem que vem a este mundo" e, por isso mesmo, dedica sua vida inteira a criar condições aptas e necessárias para que cada discípulo seu consiga realizar a mesma difícil e hercúlea façanha.

O mestre educa. Mas não educa pelo que *diz ou faz*. O mestre educa pelo seu SER, pelo que ele é, pela sua *presença*, pela sua poderosa *aura de amor incondicional* que abraça o discípulo-irmão e abraça o mundo.

O mestre educa porque é educado, por que se autoeducou. A palavra *educar – educere*, em latim, que quer dizer *eduzir*, significa exatamente isso: arrancar o homem de dentro de si mesmo. E foi isso o que o mestre fez e faz.

47

O HOMEM E A FELICIDADE

Que é felicidade? Não é uma satisfação íntima, livre de toda e qualquer forma de sofrimento, seja físico seja moral? Felicidade é uma divina paz interior inexplicável e, muitas vezes, incompreendida. Não é apenas ausência de dor; é isto sim, mas de mistura com a esperança.

Felicidade é o conforto sublime que o homem pode experimentar à medida que percorre o caminho da própria perfeição humana, que se realiza na *hominidade,* que tem bom êxito na *arte de viver.* Ser perfeito "como o Pai é perfeito" seria ser infinitamente feliz. Mas, se tal não nos é dado, pelo menos neste mundo, não nos seria possível, todavia, sair das trevas para a penumbra?

Embora reconhecendo que a perfeição não é para nós, presentemente, uma meta de chegada, porém, *um ponto de aproximação,* afirmamos que ela deve constituir-se no alvo mais ardentemente almejado pelo espírito humano, sob pena de o homem não ter da felicidade nem mesmo um pálido reflexo.

A felicidade consiste, antes de tudo, na comunhão do homem consigo mesmo. Ela se acha *potencialmente* no próprio indivíduo humano. Quando este toma conhecimento desse potencial, encontra felicidade até nas pequeninas coisas que ele emprega na prática do bem. Então, sua felicidade sempre se renova.

48

O PERDÃO E A FELICIDADE

O homem, mergulhado que está num profundo materialismo, não consegue ainda compreender o alcance e a superioridade do perdão nem separa como é sublime e doce perdoar.

O perdão, quando desinteressadamente o exercitamos, é, antes de tudo, um conforto espiritual que nos vem a nós e nos enche a alma de paz nunca dantes experimentada. Perdoando, contribuímos para construir-se uma real harmonia na vida social, ao mesmo tempo que cumprimos a nossa finalidade maior na existência, tornando-nos mais perfeitos e aproximando-nos de Deus.

É de notar-se que o perdão consciente pressupõe o conhecimento de que o ódio, a ira, a cólera e o rancor, bem como outros sentimentos desse mesmo gênero, não passam de sofrimento. É certo. O ódio, por exemplo, é um desgosto intenso, e todo desgosto é dor. A própria vítima do ódio é sempre o odiento e não o odiado.

Assim é que, pelo perdão, somos levados à felicidade. Mas, a felicidade que nos é dada quando perdoamos é uma felicidade pura, sem mistura de tristeza ou de fadiga. É conforto intimo, é paz, é comunhão do homem consigo mesmo, é comunhão do homem com Deus.

Seria possível uma felicidade ainda mais profunda? A dos autoiluminados, *que nem precisam perdoar,* porque jamais se sentem ofendidos.

49

O SÁBIO E A FELICIDADE

Sábio é aquele que trata todas as coisas externas sem se apegar a nenhuma delas. Trabalha, mas não se prende aos frutos do seu trabalho. Não se envaidece com as vitórias e muito menos se frustra com as aparentes derrotas. É ativo por fora, mas completamente quieto ou místico por dentro. Vive no mundo do SER, cujo FAZER não passa de uma simples consequência natural.

O sábio sabe que na existência somente o homem é um *fim* em si mesmo. Tudo o mais são apenas *meios*, de que o homem pode e deve utilizar, visando a um fim superior. Por isso, o sábio usa tudo quanto lhe vem à presença, seja coisa, seja prazer, seja dor, porém, nunca abusa de coisa alguma.

O ignorante ou profano de má vontade *abusa*. O místico ou profano de boa vontade *recusa*. O sábio simplesmente *usa*.

Sabedoria é *felicidade*. E a felicidade consiste em viver na intimidade qualitativa e crística do Eu Interno, sem se contaminar pelos equívocos e fraquezas do ego externo. O ego é frágil e sofre por causa de qualquer coisa que lhe cause *resistência*. Sofre se não recebe um favor, sofre se, mesmo recebendo, não o conserva. Mas o Eu, pelo contrário, não sofre nem se ofende jamais! Nada espera, nada receia e tudo aceita com a mais perfeita calma e serenidade.

Quando o ego frágil se integra no Eu cósmico, o homem age sem esperar nenhuma recompensa, razão porque é sempre *sábio e feliz*.

50

O SÁBIO E O DESAPEGO

Toda a felicidade tem origem na qualidade do Eu e não nas quantidades do ego. Não é por acaso que a força que move uma roda reside na imobilidade do eixo, embora os movimentos da roda estejam em sua periferia. Da mesma forma, toda a grandeza do homem decorre do seu centro, vem do seu Eu.

Nas periferias do ego, que não obedece ao Eu, só há barulho e movimentos desordenados.

É por isso que o sábio não se interessa por quantidades que vêm de fora, como, por exemplo, fama, poder, glória e dinheiro, já que tais quantidades não se incorporam à sua substância interna. São coisas do mundo, acidentes de percurso na longa viagem de retorno da criatura ao seio do Criador. O sábio até utiliza tais quantidades que lhe vêm às mãos, mas, principalmente, para ajudar a quem delas ainda necessita. Ele, porém, busca em primeiro lugar "O Reino de Deus e sua justiça", pois sabe, por vidência própria e imediata, que tudo o mais de que necessita, lhe é dado "de acréscimo".

O sábio, quanto mais sábio, tanto mais é moderado no seu agir ou no seu fazer. Os ignorantes, por exemplo, falam muito e dizem quase nada, ao passo que o sábio fala pouco e diz muito; os ignorantes acumulam conhecimentos quantitativos e por meio deles exploram os outros, enquanto o sábio, ainda que não seja erudito, sabe tudo e põe o seu saber em proveito de todos; os ignorantes fazem fortunas, mesmo tomando-as dos demais, mas o sábio nada tem e tudo é.

51

A SEGURANÇA DO HOMEM SÁBIO

O ignorante, que vive no império dos *sentidos*, e o sabereta, que vive no domínio da *inteligência,* um e outro, não têm nenhuma segurança. Vivem sempre no temor de que algo maléfico lhes aconteça... e acontece mesmo! O ignorante sensitivo e o sabereta intelectivo movimentam-se num ciclo diabólico de positivo e negativo, de lucros e perdas, sofrendo o tempo todo. Sofrem *agradavelmente* o prazer e sofrem desagradavelmente a dor, muito mais a dor do que o prazer. Por isso, nunca estão em paz.

Os acontecimentos, tanto os de prazer quanto os de dor, são comuns a todos os homens. Mas o sábio, que mora na intimidade da *razão* ou intuição, não sofre as consequências de tais fatos, pois não os deseja nem, muito menos, os teme. O sábio está acima de qualquer tipo de bipolaridade. Acontecimentos, tais como as adversidades da natureza e as perversidades dos homens, ferem o seu ego, é verdade. Contudo, o sábio acha-se centrado no seu Eu, que é absolutamente seguro e inofendível.

Nada nem ninguém obrigam o sábio. Ele não age por compulsão externa, mas somente por convicção interna. Assim, por exemplo, se estiver em jogo sua vida física, em razão de um princípio, não há nenhuma dúvida de que o sábio abre mão de sua vida existencial, a fim de garantir fidelidade à própria consciência. O sábio não é um estoico. Ele não morre por uma *ideia,* que é coisa de ego, só aceita morrer por um *princípio*, que é apanágio do Eu. Morre por amor à vida e não por amor ao seu viver.

52

A APARENTE SOLIDÃO DO SÁBIO

Renunciar à cultura engendrada pela inteligência egoísta é a solução para todos os grandes problemas da humanidade. Por quê? Porque essa cultura é visceralmente desumana. Há mais de quatrocentos anos que a ciência renascentista, em nome da deusa-mente, que é *demente,* promete-nos o céu sobre a terra. E o que temos hoje? Nada menos do que o próprio inferno! É verdade que uma minoria goza de todo o conforto, mas em detrimento ou prejuízo da colossal maioria. E, depois, tanto a minoria quanto a maioria são cada vez mais infelizes. Este é o ponto. O conforto, em certa medida, é razoável. O *confortismo*, porém, é fruto de uma indescritível ignorância. A *confortite,* então, nem se fala.

Num mundo assim, o homem santo ou sábio só pode ser um *solitário*. Ninguém o compreende. Sente-se em pátria estrangeira. É um exilado, um perseguido. Alguns o consideram *ingênuo*; outros o vêem como um bobo e, até mesmo, como louco. Ainda assim, ele jamais se lamenta. Muito pelo contrário. Só o sábio é realmente *feliz,* mesmo no sofrimento. O sábio, uma vez tendo ingressado no Reino da Verdade Libertadora e na comunhão dos santos, estando, portanto, na melhor companhia que existe, não se importa mais com os acontecimentos externos, quaisquer que sejam. Importa-lhe tão-somente a sua atitude interna e a forma de como reage em face do que lhe acontece.

53

REPÚDIO AO SÁBIO

Para os profanos e ignorantes ou homens intelectivos do existir, os iniciados e sábios ou homens intuitivos do Ser parecem completamente *tolos*. De acordo com a visão deles, os sábios vivem num mundo irreal, a buscar quimeras e ilusões. São inúteis. E quando as circunstâncias ou, mesmo, a missão específica do sábio lançam-no em meio à lufa-lufa dos profanos, estes, então, o consideram não mais como um homem ingênuo e simples idealista ou visionário, mas como um homem perigoso e que precisa ser eliminado. É o que fizeram com Krishna, Pitágoras, Sócrates, Jesus, Paulo de Tarso, Thomas Morus, Mahatma Gandhi, e, bem assim, com a maioria dos mais belos e avançados espécimes de nossa raça, justamente aqueles que mais dignificaram a humanidade.

Por que isto? Porque o sábio tem sido tão repudiado?

Porque a libertinagem coletiva, *normalidade doentia do mundo,* não tolera nenhum tipo de anormalidade. Repudia ou rejeita a anormalidade para baixo dos *subnormais,* como, também, a anormalidade para cima dos *supernormais*. Esta, muito mais, porque contraria frontalmente a ingratidão, o egoísmo e a mesquinhez do homem comum.

Os homens normais nunca toleraram, como ainda não toleram a presença física de um sábio. Chegam até a matá-lo, para que se transforme em santo... E ainda lhe pedem graça e lhe imploram milagres!

54

O SER E O TER

Não basta ao homem ter algo, ainda que esse algo seja o mundo inteiro. É necessário ser *alguém*.

Quem vive na intimidade do SER, na profundidade do Eu, não carece de muitas coisas. O pouco de que precisa para viver com decência e dignidade lhe vem sempre de acréscimo ou de graça, da fonte inesgotável do Infinito.

Na contabilidade mercenária deste mundo, regido que é pela inteligência, quase sempre egoísta, a riqueza reside no ter quantitativo. Mas, na matemática cósmica dos autoiluminados, a verdadeira riqueza é qualitativa e emana do eterno *Ser*. Quem pensa ser rico pelo que tem, *nada possui* realmente; ao contrário, *é possuído e possesso* por aquilo que julga possuir. A verdadeira riqueza está no sujeito e não em objetos transitórios e fugazes, como o são todos os finitos, que, por isso mesmo, jamais se incorporam à substância interna e eterna do homem.

O homem profano, que confunde felicidade qualitativa com prazeres quantitativos, tem sempre a mania do "mais". Deseja ter sempre mais e mais, ainda que seus irmãos fiquem de mãos vazias ou pereçam de fome. Nada lhe é suficiente. Alguns querem mais dinheiro; outros, mais fama, honra, poder e glória. Tudo isso, no entanto, não passa de miragens. Muito mais importante é a PAZ que nasce do dever cumprido, do repouso espiritual no ideal da consciência, da missão a ser realizada desinteressadamente em favor dos nossos irmãos menores.

55

O AGIR SEGUE O SER

Há gente cujo sonho ou ideal é servir à humanidade, mas nem consegue viver em harmonia com os próprios parentes e familiares. Isto porque vive numa falsa cultura, que é a cultura intelectiva do ego.

O sábio, porém, dotado da cultura verdadeira e genuína, a cultura espiritualista do Eu, está sempre aberto e disponível para todos. Como o Eu se acha presente, ainda que potencialmente, em todo e qualquer ser humano, o sábio, dotado dessa visão cósmica e universal, ajuda a todos indistintamente, parentes, amigos e inimigos, santos e bandidos. Para ele, pouco importa o que o homem pense, diga ou faça; importa-lhe prioritariamente o que o homem é, na mais profunda profundeza qualitativa e crística do seu SER, ainda que esse homem, por ignorância, não tenha atualizado a potencialidade qualitativa do seu Eu, ainda latente ou dormente. Mas o sábio ajuda, sobretudo o menos sábio, por ser exatamente este o que mais necessita.

O sábio sabe que todo o valor está no SER, não no ter, no dizer ou no fazer. Está na *fonte* e não nos seus canais. Tal o ser, tal será o dizer e o fazer. "O agir segue o ser", não o contrário. Por isso, uma vez retificado o ser, retificado estará automaticamente todo e qualquer agir, todo e qualquer dizer. "Se você agir sempre com dignidade – afirmou, certa vez, Confúcio – pode até não modificar o mundo, mas de uma coisa pode estar certo: haverá na Terra um canalha a menos!"

56

A ESTATIZAÇÃO DA VIOLÊNCIA

Como todo fato engendrado pela mente, o Estado é, até certo ponto, um produto da violência e por meio dela se mantém. No âmbito internacional, promove a *guerra*, e, dentro de suas fronteiras territoriais, muitos ainda adotam a imbecil e famigerada *pena de morte*.

Numa sociedade verdadeiramente humana, a guerra seria declarada *crime contra a humanidade* e, numa comunidade espiritualista, nem existiria, como também não haveria forças armadas. Numa comunidade dessa natureza, a segurança é sempre uma questão de *alma* e não uma questão de *arma*.

Quanto à pena de morte, esta só não nos envergonha porque ainda não temos vergonha! Com a pena de morte, matar alguém em nome da sociedade deixa de ser crime, *mas não deixa de ser homicídio!* O homicídio legalizado é o pior exemplo que o Estado pode dar. É aqui que ele se transforma naquilo que Nietzsche chamou de "o mais frio dos monstros frios". É um moloque devorador de homens!

A desculpa do Estado para esta aberração é a prevenção do delito. Será? Sendo violenta em si mesma, a pena de morte não só não previne os crimes, como fartamente os agrava, segundo as estatísticas criminais de todo o mundo. E, depois, a prevenção não interessa. A pena de morte deve ser abolida porque é, em princípio, injusta, imoral, indecente e, acima de tudo, incompatível com qualquer tentativa de construir um mundo mais humano.

57

NÃO À VIOLÊNCIA

Não são as convenções sociais, sejam políticas, religiosas ou quaisquer outras, que verdadeiramente importam para a busca do amor e da paz. Também não interessa prioritariamente o que o homem *diz, tem ou faz.*

O que realmente vale é aquilo que o homem é, ou seja, a simplicidade do seu coração ou a convicção profunda de sua hominidade, que é a causa de todo o seu pensar e de todo o seu agir.

Somente os fracos apelam para a força ou a violência. Mas, quais são os fracos? Os animais inferiores e, principalmente, o homem-ego, *este*, o mais violento de todos, porque consegue ampliar sua violência, multiplicando-a pelo poder destrutivo da inteligência.

Violência é demonstração de fraqueza e de ignorância das leis cósmicas que regem o Universo. O homem racional-espiritual jamais a utiliza, porque dela não necessita.

Os violentos só possuem a própria violência, ou melhor, *são por ela possuídos e possessos.* Toda e qualquer forma de violência é sempre *reflexa.* Pelas leis da vida, mais cedo ou mais tarde, a violência necessariamente se volta contra o homem violento.

A guerra é a maior violência contra a humanidade, enquanto o homicídio é o maior de todos os crimes contra o indivíduo.

O homem profano mata para não morrer, pois pensa que morrer é desintegrar-se. O iniciado, porém, morre para não matar porque sabe que morrer assim é viver uma vida mais elevada e muito mais abundante.

58

O DIREITO NATURAL

Direito Natural? Não existe tal coisa. O Direito é necessariamente *positivo,* isto é, posto e imposto coativamente pelo Estado, com a garantia da polícia. E repressão é compulsão externa, é instrumento destinado a administrar a violência e a limitar a libertinagem humana. *Positivamente,* o homem se submete a um freio heterônomo e que vem de fora, a um direito que traz em si toda a policromia de uma convenção humana, nada mais que um produto equivocado e artificial da mente. *Naturalmente,* porém, impõe-se-nos tão-somente um DEVER, segundo a nossa própria convicção consciencial interna. Ao mundo viemos e cá estamos. Para quê? Seja para o que for, *menos para reivindicar direitos!* Evidentemente, quem reivindica direitos não é o Eu central do homem, mas o seu ego periférico, egoísta pela sua própria natureza. Como seres humanos que somos, lançados na existência para o conhecimento e a realização de nós mesmos, marcados para a perfeição, estamos neste planeta para amar desinteressadamente e servir a todas as criaturas, sem delas esperar nenhuma retribuição ou recompensa.

Em conclusão, é lógico que não tenho nenhum *Direito Natural* contra o meu semelhante. Em face dele, só tenho DEVERES, *naturalmente,* exclusivamente!

59

CINCO PROBLEMAS

Dos grandes problemas que atualmente nos desafiam a inteligência e a sensibilidade, *cinco* se nos apresentam como realmente avassaladores. Ei-los:

1. *A prevalência do ter e do fazer sobre o SER,* porque gera a ganância e a guerra mercenária de todos contra todos, razão pela qual os ricos ficam cada vez mais ricos e em número cada vez menor, ao passo que os pobres tornam-se cada vez mais pobres e em número cada vez maior. Além disso, TODOS, ricos e pobres, ESPIRITUALMENTE, se empobrecem.

2. *A degradação ambiental.* Estamos envenenando e destruindo a nossa "casa". E este não é um problema técnico, político nem econômico, motivo pelo qual não está sendo bem enfrentado. A poluição é um *problema ético.* Decorre da nossa *incapacidade de conhecer e amar desinteressadamente a natureza.*

3. *A violência do homem contra o homem,* que explode em todos os tipos de relação humana, porque, devido à *ilusão separatista* que, infelizmente, mantemos em face do Infinito, que nos deu origem, continuamos CEGOS e incapazes de ver no *próximo* o incontestável irmão que ele é.

4. *O sexismo como culto idólatra do nosso tempo,* pois é a desnaturada glorificação de um atributo, *em grande parte material e animal* do homem mundano. Nesta altura há homens que, em vez de raciocinar, apenas SEXINAM.

5. *O cientificismo,* que leva o homem a crer na ciência como se fora uma *nova religião*, cujas consequências são a idolatria da mente e a adoração dos objetos.

60

LAO-TSE E O TAO TE KING

Lao-Tse é um nome simbólico, constituído de *lao*, jovem, criança ou adolescente; e *tse*, sufixo de vários nomes chineses, que significa *idoso, maduro ou sábio*. Lao-Tse quer dizer, portanto, jovem sábio.

Lao-Tse viveu ali pelo século VI a.C. Durante a primeira metade de sua vida, cerca de quarenta anos, foi historiador e bibliotecário na Corte Imperial da China. Lao-Tse, conhecendo muito bem o espírito do tempo, propõe uma ética verdadeira para curar os descalabros dos governos e uma religião metafísica e vertical para sustentar essa ética.

Os chineses não usam letras. Escrevem por meio de *ideogramas,* às vezes muito dificilmente traduzíveis. Em muitos casos, até mesmo a inflexão da voz altera o sentido de tais ideogramas, quando pronunciados. Em virtude disso, as traduções podem variar muitíssimo. Assim, por exemplo, Lao-Tsi por Lao-Tse e Dau Che Ching por *Tao Te King*. De qualquer modo, "Tao" significa *o Absoluto ou a Essência;* "Te", *caminho, diretriz ou revelação;* e "King", *escrito, livro ou documento.* O *Tao Te King* quer dizer, então o "livro que leva à Divindade" ou o "livro que revela Deus". E revela mesmo. É o segundo livro mais sagrado da humanidade, tendo em vista sua aparição no tempo. Compõe-se de 81 pequenos capítulos, porém condensados e plenos de uma vertical e profunda sabedoria.

61

O HOMEM DE GOVERNO

Quem governa deve ser, logicamente, mais evoluído e experiente do que os governados, de maneira geral. Do contrário, sobrevém o caos, que muito bem conhecemos, ou melhor, *sofremos,* na atualidade.

O homem de governo há de ser alguém capaz de *perfeita renúncia,* pois sua missão consiste em servir e não em ser servido. Homem duro, mas não rígido. Em verdade, *duro e flexível.* Pode ele ser atingido, como outro homem qualquer, na periferia do seu ego. Contudo, deve manter-se *invulnerável e intangível* na profundeza qualitativa do seu Eu. Um homem assim é sempre brilhante, embora não ofusque ninguém. Com os superiores é sempre altivo e sem servilismo, enquanto é sempre humilde com os subordinados, sem impaciência nem arrogância.

O fator positivo, que é a *presença* de Deus no político honesto, subjetivamente aceita e reverenciada, coíbe e controla quaisquer possíveis efeitos dos fatos negativos, que são apenas *ausência.* Desse modo, a liberdade funciona e, contudo, não se transforma em libertinagem, doença que tudo desorganiza e destrói.

O verdadeiro político ou estadista governa não pelo que diz ou faz, mas pelo que ele é. Político de verdade é aquele homem que tem tamanha sensibilidade cívica, que chega ao sacrifício e à renúncia de si mesmo para o bem da sociedade em que vive. Tem vocação para o bem comum e ama a comunidade.

62

O BOM GOVERNO

Bom governo? O mundo ainda não o conhece. É o governo do agir pelo não-agir, ou seja, pelo reto-agir (o *wei-vei*, dos chineses; o *naiskarman*, do *Bhagavad Gita*).

Um bom governo é aquele em que o povo, obedecendo a ele, outra coisa não faz, senão obedecer a si mesmo.

As circunstâncias negativas do mundo, todas elas sendo *fatores de evolução do homem*, provêm sempre ou das adversidades da natureza ou das perversidades dos nossos semelhantes, bem como de outras criaturas existentes e dotadas de livre-arbítrio. Num Estado bem governado, tais forças negativas – tensões e tentações individuais e coletivas – existem com um propósito: *serem vencidas*, e assim, proporcionar o progresso do homem e da sociedade na escala evolutiva.

Aqui, neste planeta, o melhor governo que a *inteligência concebe* é a democracia. E pode sê-lo, em termos de *governo possível,* mas não de *governo ideal.* A democracia, pela sua própria natureza, é o governo da massa e da quantidade, e não da elite ou da qualidade. Governo da mediocridade coletiva, governo da vulgaridade social.

O bom governo, ideal que somente a *intuição aufere*, é a cosmocracia, o governo da aristocracia do Espírito, cujos dirigentes desenvolveram a nítida consciência de que vieram ao mundo para servir e não para serem servidos.

63

CANTORES DA ALMA

Um verdadeiro artista, seja qual for o campo de sua atividade, é sempre um homem especial. Ele consegue captar fragmentos da Sublime Sinfonia Cósmica do Universo e, ao materializar sua visão num objeto de arte, seja música, poesia, pintura, escultura ou qualquer outro, torna-nos partícipes da sublimidade, da graciosidade e da beleza. Em todo este processo, ressalta-se a *visão*, prerrogativa apenas de quem possui a necessária idoneidade receptiva às vibrações do Infinito. Esta não se aprende em nenhum tipo de escola. Quanto à técnica ou à "práxis" funcional da estética, qualquer um pode dominá-la. Eis o principal motivo de tantos plagiadores e mais ainda de falsificadores. Dominam a técnica da Arte, mas não possuem qualquer sensibilidade. São cegos e surdos à harmonia do Uno e à estética do verso.

O cantor da alma também é um artista, mais do que artista. É um sábio, um profeta, um vidente. Ele também vê e ouve. Mas, ao contrário do artista, não pode materializar essa visão em objeto. A visão do sábio é imaterializável, indizível e impensável. Seu canto não passa de alegoria ou parábola, simples aproximação. Mais do que isso é impossível. Prova-o este livrinho. Devemo-lo a muitos, dentre os quais, os vinte e quatro gênios que, a seguir, destacamos, com a mais profunda veneração.

64

KRISHNA

Com a conquista da Índia pelos povos *árias*, floresceu ali uma das mais belas civilizações em nosso planeta. O *Mahabharata* revela-nos toda essa brilhante epopeia.

Os senhores arianos, afastados da política e perseguidos, passaram a viver como ascetas, às margens dos rios, no coração das florestas ou nos picos das montanhas.

No seio desse povo sábio é que nasceu o mais sábio de todos os sábios do Oriente: KRISHNA. Mas, quando? Não se sabe. Possivelmente, entre 5.000 e 3.000 anos antes de Cristo. Não há dados históricos disponíveis.

Existem semelhanças por demais notáveis entre os Evangelhos de Jesus e o *Bhagavad Gita* de Krishna.

A mãe de Krishna chamava-se Devaqui e, segundo a tradição, era virgem. Ela fugira do palácio real de seu irmão Cansa, que a queria matar, ao saber que o salvador nasceria do seu ventre e não do seio da rainha.

E desde então vivia na floresta com os anacoretas.

Krishna cresceu e elevou-se em sabedoria. Após sete anos de meditação, começou a pregar a doutrina dos grandes iniciados. Um dos primeiros discípulos foi o jovem príncipe Arjuna, a quem Krishna transmitiu toda a sabedoria, hoje contida no *Bhagavad Gita*.

Como quase todos os santos e mártires, Krishna também deu a vida em testemunho à Verdade.

65

HERMES

Supõe-se que Toth tenha vivido ali pelos anos 2.700 a.C. Os gregos chamaram-no Hermes Trismegistus, ou três vezes magno, pois o consideravam grande como *rei*, como *legislador* e como *sacerdote*. Portanto, para os gregos, Hermes era o máximo. Sem dúvida, ele foi o gigante espiritual do seu tempo.

Henri Durville diz que a doutrina de Hermes "inspirou a iniciação mediterrânea; é a ela que devemos os mistérios de Orfeu, os ensinamentos de Pitágoras, os diálogos de Platão". É certo também que a filosofia de Hermes inspirou o monoteísmo de Moisés, "instruído em toda a sabedoria dos egípcios", segundo a Bíblia, ao passo que a massa populacional daquele tempo era politeísta. Hermes, no entanto, era mais do que monoteísta, era rigorosamente MONISTA.

Dos 42 livros de Hermes, citados por Clemente de Alexandria, só 3 chegaram até nós, *Pimandro, Asclépios e Tábua de Esmeralda*. Mas nenhum deles é de autoria direta de Hermes. São apenas *aforismos herméticos,* colecionados por discípulos dedicados, e que foram publicados num livro denominado *Kybalion*.

Hermes era também um grande intérprete dos textos sagrados. Em razão disso, é que temos hoje a palavra *hermenêutica,* que é a ciência da interpretação de textos.

Do pouco que conhecemos, podemos adivinhar o muito que ignoramos a respeito dessa gigantesca figura que é o Toth ou Hermes Trismegistus.

66

MOISÉS

Moisés pertencia à tribo de Levi, clã de Coate, família de Anrão. Viveu por volta de 1.500 a.C. Sua existência obedece a um ritmo tríplice muito bem definido: 40 anos como príncipe do Egito, 40 anos de silêncio e meditação nas solitárias estepes da Arábia, e 40 anos vagando à frente de seu povo pelos desertos do Sinai.

Sobre o primeiro período de sua vida, nenhum detalhe é conhecido. Sabe-se, contudo que fora "instruído em toda a sabedoria dos egípcios". A educação egípcia incluía leitura e escrita hieroglífica e hierática (sagrada), cópia de textos, especialmente de literatura clássica e instrução com escrita contemporânea e atividades administrativas. Príncipes reais, como Moisés, eram também treinados como arqueiros e em exercícios físicos. Podiam exercer importantes cargos, ou nos exércitos do Faraó ou como sacerdotes em destacados templos provinciais. Além disso, Moisés devia ter permissão para falar e escrever a língua de seus ancestrais, o idioma semítico, o hebraico.

Moisés foi indiscutivelmente um grande condutor de destinos humanos. Profundamente carismático, destacou-se como *líder, profeta, legislador e escritor.* O profeta, o legislador e o escritor são por demais conhecidos. Há de se ressaltar, porém, seus talentos de líder, senão como poderia ter conduzido, com sucesso, massas tão grandes e tão indisciplinadas pelos azares e perigos do deserto?

67

PITÁGORAS

Matemático, astrônomo, filósofo e, sobretudo, místico, Pitágoras (565–497 a.C.), cujo nome é simbólico ou emblemático, é, sem dúvida, um dos maiores gênios e mestres da humanidade.

Viajor incansável, conheceu os principais centros de iniciação espiritual da Antiguidade, *Fenícia, Índia, Egito e Babilônia.*

Fundou uma pequena cidade espiritual numa colina, nos arredores de Crotona, na Itália. *Ali não havia polícia nem legislação civil ou penal.* As obrigações impostas ao homem decorriam todas de uma pura *convicção interna* e não de qualquer tipo de *compulsão externa.*

A cidade Pitagórica, enquanto durou, e durou cerca de trinta anos, foi um verdadeiro e autêntico farol de Luz Metafísica, a iluminar caminhos e destinos, em meio à escuridão do mundo antigo. Infelizmente, no entanto, mais uma vez, *a politicagem do poder prevaleceu contra a ética do amor.* Então, as massas ignaras, ingratas e involuídas, insufladas por demagogos, investiram contra a inerme e aristocrática cidade de Pitágoras. Tomaram-na de assalto e incendiaram-na, juntamente com todos os habitantes. Pouquíssimos se salvaram.

Não se faz nada de bom neste *mundo imundo* sem se pagar o preço da ousadia. Aqui, nada se consegue de belo impunemente, sobretudo, numa época tão primitiva. Pitágoras não está sozinho...

68

BUDA

Gautama Siddhartha (622–542 a.C. aprox.) nasceu em Kapilavastu, capital de Kosala, no Nepal. Veio à luz *debaixo de uma árvore*. Recebeu uma instrução primorosa, no esplendor e na abundância proporcionados pelo luxo e o conforto do Palácio real.

Gautama, vivendo numa espécie de redoma da felicidade e cuidadosamente protegido de todos os males mundanos, desconhecia completamente as misérias do homem e os sofrimentos da humanidade. Aos dezenove anos, porém, quando se defrontou com as limitações próprias da existência, perturbou-se no íntimo do coração.

Pobreza, doença e morte!... Então, é isso? A natureza é um ninho de festa, uma sinfonia cósmica. Por que o reino do homem é diferente? De quem é a culpa? Qual é o mistério? O príncipe não tinha mais sossego... Entrou em meditação contínua.

Certa vez, à meia-noite, saiu do palácio, às escondidas, em companhia do seu cocheiro Chana e desapareceu na escuridão. Durante 16 anos perambulou pela Índia e pela China como *mendigo,* suportando todas as dores possíveis, em solidariedade silenciosa e fraterna com todos os milhões de deserdados que andavam pelo mundo...

Numa determina noite, quando meditava, *sob uma árvore,* veio-lhe a *iluminação definitiva*. Desde então, seus discípulos chamam-no de *Buddha,* que, em sânscrito, quer dizer *esclarecido ou autoiluminado*.

Quando o Buda sentiu chegar o momento de sua transição, pediu a amigos e discípulos que o pusessem *sob uma árvore. Buda, portanto, nasceu, autoiluminou-se e desencarnou-se à sombra de uma árvore!...*

69

SÓCRATES

Sócrates (469 – 399 a.C), *o filósofo descalço,* era filho de Sofronisco, um modesto escultor ateniense, e de uma parteira, que se chamava Fenareta. Muito pobre, adotou, de início, a profissão do pai, tendo desempenhado posteriormente alguns cargos públicos, meio a contragosto, por imposição da cidade e de sua consciência eminentemente cívica. Mais pobre ainda ficou, ao voltar suas atenções para a tarefa de educar os homens, principalmente a juventude, missão que a consciência lhe impôs como sendo divina e insubstituível.

Sócrates não era belo de corpo, muito pelo contrário, era por demais robusto e forte, e com uma cara de sátiro que impressionava. Tinha aspecto vulgar, nariz curto e chato. Mas possuía a mais empolgante e rara de todas as belezas, a da *alma.*

Sócrates escandalizava-se ao ver que, antes dele, os filósofos, com raras exceções, perscrutavam a natureza do Universo, embora ignorassem completamente a natureza de si mesmos.

Gnôthi Seautón, "conhece-te a ti mesmo". Estas belas e magníficas palavras escritas na fachada do Templo de Delfos, são a alma, a finalidade e a síntese de toda verdadeira e autêntica filosofia. Sócrates conhece-as e as elege como programa, teórico e prático, de sua própria vida. *É a filosofia do autoconhecimento do homem.*

Segundo Sócrates, não é necessário que o homem conheça o mundo, mas é fundamental que ele aprenda a conhecer-se a si mesmo.

70

PLATÃO

Platão (427 – 347 a.C.), nome simbólico, cujo significado é *amplo ou largo,* chamava-se Arístocles, filho de Aríston e de Perictione, e era descendente da mais alta nobreza grega, de Kodros, último rei de Atenas, pela linha paterna e de Sólon, pela materna.

Viveu em época de avassaladora crise, agravada pela derrota de Atenas frente a Esparta, na guerra do Peloponeso. A ruína ateniense influenciou Platão de uma forma decisiva; passou então a dedicar a vida para salvar a *pátria,* como cidadão e político militante, assim também como homem e como filósofo.

Primeiramente, tentou converter os políticos para o exercício da verdadeira ética alicerçada no Absoluto, afastando-os, desse modo, de uma falsa ética histórica, egoísta, relativista e oportunista. Nisto, excepcionalmente, *não foi bem sucedido.* Mas, até hoje, alguém o foi? ...

Em busca dos últimos fundamentos da ética racional e superior, culminou o gênio platônico na mais avançada e remontada metafísica constante na História da filosofia ocidental. Sob esse aspecto, Platão emerge como o modelo dos filósofos de todos os tempos.

O núcleo da filosofia platônica é o *Eidos*, ou seja, o Infinito, o Absoluto, a Essência, o Criador, Deus.

Mas é lógico que esse *Eidos* não pode ser percebido pelos sentidos nem concebido pela inteligência; *só pode ser intuído pela razão.* Pode e deve ser vivido pela introvisão qualitativa e crística do Eu.

71

MARIA

Há quem se notabilize pelo que *faz, e isto é bom*. Outros, porém, aparecem na História pelo que *são, e isto é perfeito*. É o caso de Maria.

Maria não é muito lembrada na Bíblia. Três vezes apenas é mencionada no Antigo Testamento. O Novo Testamento, embora dela fale mais frequentemente, a põe numa posição muito secundária. Paulo, por exemplo, só uma única vez refere-se ao nascimento de Jesus, *de uma mulher* – diz ele; mas, nem sequer lhe menciona o nome.

Nada sabemos a respeito do tempo ou do lugar do nascimento de Maria, nem sobre seus pais que, segundo a tradição, se chamavam Joaquim e Ana. Sabemos tão-só que ela estava em Nazaré e prometida em casamento a um carpinteiro de nome José. Teria, então, 12 ou 13 anos de idade. Sabemos ainda que, antes de ir morar com José, já se achava *grávida*, porém, *virgem*, e sem que o futuro marido e pai da criança o soubesse.

Sabemos, finalmente, que Maria tornou-se a mãe de Jesus, o messias, o Cristo, em Belém de Judá; que a sagrada família é visitada, naquela ocasião, pelos reis magos; que foge para o Egito; que, depois, volta a residir em Nazaré; que, em companhia de outras mulheres hebraicas, assiste à crucificação do Filho; e que a partir daí, estará, pelo resto de sua vida, em companhia de João – o discípulo amado de Jesus.

Fora disso, nada mais sabemos.

72

JESUS

A data estabelecida como ponto de partida da era cristã deve-se a um erro de cálculo cometido por Dionísio – o *Pequeno.* Esse monge, que viveu no século XI da nossa era, fixou, erradamente, o início do nosso calendário no dia 25 de dezembro do 753.° ano de Roma, e, portanto, *o ano 1 da nossa era a partir de 1.° de janeiro do 754.° ano romano.* Por esses cálculos, Herodes, o Grande – que promoveu a matança das crianças em Belém, obrigando a família de Jesus, *sendo este já nascido,* a fugir para o Egito – teria falecido no ano 4 a.C. Que paradoxo!

Por conseguinte, não sabemos quando Jesus nasceu nem quando "morreu". Provavelmente, veio à luz em 6 ou 7 antes de Cristo, ou seja, *antes de si mesmo*! Se foi crucificado em 7 de abril do ano 30, depois de ressucitado, ascendeu aos Céus, tendo cerca de 36 ou 37 anos de idade...

Jesus, considerando-se que existem dezenas de milhares de livros sobre sua vida e sua obra, dispensa aqui qualquer tipo de comentário. Ressaltaria apenas que a maioria esmagadora de tais obras *inverte* tristemente as razões de ser do nazareno e o motivo axial de sua vinda ao mundo. Erra no principal, apresentando-o como bode expiatório da humanidade, pobrezinho e rei das dores, quando, na verdade, jamais houve, em tempo algum, um homem tão feliz e completo em toda a superfície deste Planeta. Também não veio aqui para pagar pecados alheios, de quem quer que seja... nem próprios...

73

PAULO

Paulo (aprox. 10 – 67) nasceu em Tarso, na Cilícia, província romana da Ásia. Era da tribo de Benjamim e membro da organização dos fariseus.

"Regozijo-me de júbilo em meio às minhas tribulações." Nunca uma frase resumiu tão bem a vida de um homem. A vida de Paulo é toda ela um rosário interminável de dores e uma longa cadeia de martírios. Dizem que não havia em seu corpo um centímetro quadrado que não fosse uma cicatriz. Tal a violência a que era constantemente submetido, tanto por cristãos, para quem Paulo não passava de um lobo em pele de cordeiro, como, principalmente, por judeus, que o consideravam um desgraçado e miserável traidor. Para completar, também os romanos julgavam ter motivos suficientes para maltratá-lo. Mataram-no... inclusive! Mas, em toda essa odisseia, foi sempre um homem muito feliz.

Paulo é, antes de tudo e por todos os títulos, o "apóstolo dos gentios". Foi ele que, com suas viagens, sempre conturbadas e cheias de peripécias, lançou as primeiras sementes de um cristianismo universal, sacando-o da estreiteza de Jerusalém e da noção mesquinha de um povo eleito. Foi ele que, com suas magníficas epístolas, manteve, mesmo à distância e, geralmente, morando em prisões, a unidade da igreja recém-nascida.

Paulo morreu como viveu, segundo Humberto Rohden, sozinho, sem uma lágrima de amigo, sem um carinho de mãe ou irmã, sem uma alma que lhe recebesse o último olhar, sem um coração que acompanhasse as derradeiras pulsações de seu coração. Ele só... com Deus. ...

74

ORÍGENES

Orígenes (185–254), nasceu em Alexandria e é reconhecidamente um dos maiores gênios da humanidade. Diz-se que a obra de sua autoria compunha-se de 2.000 livros. Um exagero, talvez, mesmo sabendo-se que ele as ditava, pelo menos, a maioria delas.

O pai de Orígenes, Leônidas, foi mártir. Ao ser preso, Orígenes quis segui-lo, e só não o fez, porque a mãe escondeu-lhe as roupas. Com a morte do pai, Orígenes, sua mãe e seus irmãos padeceram grandes necessidades.

No ano de 250, o Imperador Décio moveu uma grande perseguição ao cristianismo nascente. Orígenes, preso e violentamente torturado, escapou, mas morreu pouco depois, aos 69 anos, em consequência das torturas.

Como quase todos os grandes homens, Orígenes foi intensamente amado e odiado.

Orígenes, neoplatônico por todos os títulos, é um *monista ético,* profundamente espiritual e místico. Segundo ele, Deus é eternamente presente no ser humano; mas essa presença objetiva de Deus deve ser conscientizada pelo homem. Somente assim é que o homem se cristifica.

Em seu livro *Peri Archôn* ou *Sobre os Princípios,* Orígenes proclama a célebre *apokatástasis*, que é a reabilitação final de todas as criaturas de Deus. "Se uma só alma humana se perdesse – diz ele – desabaria o cosmos e Deus deixaria de ser Deus."

75

AGOSTINHO

Aurélio Agostinho (354 – 430), nascido em Tagaste, na Numídia, e falecido em Hipona, norte da África, era filho de pai pagão, Patrício, e de mãe cristã, Mônica, considerada santa. Foi educado no ginásio de Madaura e na Universidade de Cartago, conforme a libertinagem própria da época. Foi pagão, sensual e dissoluto, vivendo libertinamente por cerca de 30 anos.

A princípio, Agostinho era neoplatônico, maniqueísta, e, finalmente, abraça o cristianismo, quando professor de filosofia em Milão. Nomeado bispo de Hipona, passou a lutar desesperadamente para promover a hierarquia eclesiástica, único meio, segundo ele, de barrar o impetuoso avanço das inúmeras e perigosas heresias de seu tempo.

Os 103 livros que escreveu revelam-nos um drama terrível entre o Agostinho neoplatônico que era e sempre foi para si mesmo (*As Confissões,* por exemplo) e o Agostinho aristotélico, útil à organização e à hierarquia da igreja, como se pode ver em *A Cidade de Deus,* obra na qual se nos apresenta como sendo uma verdadeira antecipação de Tomás de Aquino.

Em termos filosóficos, Agostinho não conseguiu adotar nem Platão nem Aristóteles. Era por demais amargurado para aceitar o otimismo de Platão e, ao mesmo tempo, suficientemente sensível para encampar *in totum* as ideias de Aristóteles. Fez, então, uma mistura dos dois e os resultados emergiram como *dualismo, horizontalismo e pessimismo.* Venceu, não o homem, mas, o funcionário da Igreja.

76

FRANCISCO DE ASSIS

João Bernardone (1182–1226) era filho de Pietro Bernardone e de D.ª Picca de Bourlément, de origem francesa. Talvez por isso seu pai lhe deu o apelido de "Francesco", que quer dizer *francesinho*... A partir de então será sempre reconhecido como Francisco, o francesinho de Assis.

Francisco, que esbanjava tempo e dinheiro e era o líder da juventude folgada de Assis, queria ser cavaleiro andante da Justiça e paladino da louca liberdade. Seu ideal, naquele tempo, era libertar donzelas infelizes das garras de homens maus e conquistar glórias em torneios. Mas...

Numa guerra entre as cidades de Assis e Perúgia, os de Assis perderam. Francisco foi preso: 11 meses de cadeia! Ao sair, estava doente, derrotado, frustrado e desiludido... Sentia-se imensamente vazio...

Os antigos companheiros de farra e bebedeira convidaram Francisco para um banquete. Ele foi, mas, só o seu corpo se fazia presente. Sentia uma profunda tristeza. Alguém, para zombar, observou: "Francisco está pensando em sua noiva." "De fato", respondeu ele: "Estou para arranjar uma noiva, quero me casar com a senhora POBREZA!" Levantou-se, saiu do salão e nunca mais voltou!...

É aí que tudo começa... Francisco virou uma figura estranha; tinha aspecto selvagem; tido como louco, era um escândalo para todos; as crianças lhe atiravam pedras...

O resto é tão inusitado e glorioso...

Quando Francisco sentiu chegar o momento de sua transição, *esperou a irmã-morte cantando*... recebeu seu gelado beijo de frente, aos 44 anos de idade, recebeu-o, tal como Sócrates, sem nenhum temor, e, ainda, *com a mais doce e perfeita alegria*.

77

THOMAS MORUS

Thomas Morus (1478 – 1535) estudou Direito, a pedido do pai, na Universidade de Oxford e, ao mesmo tempo, também incursionava nos campos da teologia e da literatura, tanto grega como latina. Era capaz de escrever versos em inglês e latim, bem como traduzir obras do latim para o inglês.

Morus iniciou sua vida pública muito cedo. O conhecimento que tinha do Direito e do latim, aliado a uma notável e espontânea eloquência, facilitava-lhe o caminho do sucesso. Em 1504 já era membro do Parlamento inglês e, em 1530, só havia, na Inglaterra, um homem funcionalmente acima dele, o Rei, de quem Thomas Morus era exatamente o Chanceler ou Conselheiro Real.

Thomas Morus trabalhava arduamente. Como juiz estudava à noite, um por um, os casos objeto de suas decisões. Durante o dia, era acessível a todos. Além de juiz extremamente justo, era ainda um verdadeiro amigo dos pobres. Como político, jamais se curvou diante do poder, nem mesmo diante da morte. Homem dotado de profunda convicção religiosa, embora muito tolerante, ao contrário do que ocorria com a maioria dos homens do seu tempo, Morus acreditava mesmo no poder da Verdade Libertadora. A *Utopia* não nos deixa nenhuma dúvida a esse respeito.

Thomas Morus permaneceu fiel à sua crença inabalável até à morte, por decapitação, em 1535. Como Sócrates, morreu por uma questão de princípio.

Foi declarado *santo* em 1935, E, de fato, ele o é, *apesar da canonização.*

78

TERESA DE JESUS

Teresa de Ahumada (1515–1581) nasceu em Ávila, Espanha. Muito precoce, fugiu de casa, com 7 anos de idade, em direção à "terra dos mouros", a fim de ser martirizada por amor ao Cristo. Mas, ao sair da cidade, foi alcançada por um tio, que a levou de volta para casa. Sua vida religiosa e crística, no entanto, só vai começar realmente aos 16 anos... e acompanhada de uma terrível doença, que dura nada menos de 12 longos anos. Um dia, chegou a entrar em *coma profundo*. Todos pensavam que estava morta. Fizeram o teste do espelho, abriram a sepultura e cantaram na cerimônia dos funerais... Só não foi sepultada porque o pai não permitiu. No quarto dia, porém, Teresa despertou-se delirando...

Foi para o Convento...

Aos 39 anos, depois de ler *As Confissões* de Agostinho e de obter, após longas e profundas meditações, a graça infusa da Verdade Libertadora, Teresa sentiu, por meio dessas visões, que estava vivendo uma vida inusitada e inteiramente nova, fecundada pelo contato com Deus, face a face. Contudo, os religiosos chamados a examiná-la concluíram, como sempre, que aquela presença não era a de Deus, mas, decididamente, a do demônio... Como a coitadinha penou, penou e penou.... *Ah! Inquisição!*

Beatificada em 1614, declarada patrona da Espanha em 1617, canonizada em 1622, foi proclamada Doutora da Igreja em 1970.

Morreu em 1582 e seu corpo foi sepultado às pressas, para não ser roubado... Exumado 14 meses depois, a fim de ser transladado, verificou-se que ele estava ainda completamente *íntegro e rosado*...

79

JOÃO DA CRUZ

Juan de Yepes (1542 – 1591) veio à luz em Fontiveros, nas proximidades da Ávila, Espanha. Teve uma infância e uma adolescência extremamente pobres. Trabalhava muito, mas, mesmo assim, passava fome. A juventude ainda foi pior. Porém, quanto mais sofria, mais trabalhava e, sobretudo, mais se entregava aos estudos. Magnífico autodidata!

Em 1566, tornou-se noviço carmelita, em Medina. Nascia, então, João da Cruz, o grande místico e Doutor da Igreja. Como místico, João nada fica a dever aos grandes gênios orientais. Como todos os místicos, sua preocupação máxima *é saber como e por quê* estamos neste mundo...

Em 1568, algo de extraordinário ocorreu com João da Cruz: o benéfico encontro com Teresa de Jesus. A partir daí, ele nunca mais será o mesmo. Ao conviver com Teresa, virou também um carmelita descalço e, a exemplo dela, promoveu profundas modificações no seio da Igreja. Mas, do mesmo modo que ela, foi perseguido pela Inquisição. Preso várias vezes e em condições sub-humanas, jamais se queixou nem desanimou.

Morreu graciosamente e com muita naturalidade, em 1591, com apenas 49 anos de idade. Beatificado no mesmo ano da sua morte, foi canonizado em 1726 e declarado Doutor da Igreja em 1874.

João da Cruz é um maravilhoso escritor e extraordinário poeta, tanto o é, que, em 1952, foi agraciado com o título de *patrono dos poetas espanhóis.*

80

PASCAL

Blaise Pascal (1623–1662), um dos gênios da humanidade, era filho de um homem muito culto e ilustre. Demonstrando um espírito extraordinariamente precoce e tendo perdido a mãe aos 3 anos de idade, seu pai afeiçoou-se a ele de tal modo que não lhe permitiu frequentar nenhuma escola. Encarregou-se pessoalmente de instruir e educar o filho e exigiu que o menino sempre estivesse acima das tarefas que lhe eram impostas. Ensinou-lhe línguas, ciências e, também, como entender a natureza. Pascal aprendia com muita facilidade. Aos 11 anos já escrevia um pequeno tratado sobre os sons. Ao distrair-se com figuras geométricas, descobriu sozinho as 32 primeiras proposições de Euclides... *Já sabia matemática!* A partir daí, o progresso foi rápido. Com 16 anos, escreveu o "tratado sobre as cônicas", e, aos 19, inventou a máquina de calcular. Entretanto, sua saúde debilitava-se...

À medida que o pensamento científico de Pascal ficava cada vez mais aguçado e brilhante, ele começa a abandonar a *horizontalidade* da natureza, voltando-se para a *verticalidade* da religião. Aprofundando cada vez mais os estudos e observações, chegou a concluir que o Cristo é o único mediador entre os finitos e o Infinito.

Num primeiro momento, Pascal vive na militância religiosa, tentando modificar as pessoas e o mundo. Ainda acreditava no *fazer*. Depois, busca o retiro e a solidão. É a fase do *Ser*. A primeira fase é a das *Cartas Provinciais*, a segunda, gloriosa e profunda, é a dos *Pensamentos*.

Pascal morreu cedo, com apenas 39 anos de idade.

81

SPINOSA

Bento Spinosa (1632–1677), filho de judeus portugueses, nasceu em Amsterdã. Sua família, em razão de perseguições religiosas movidas pela "Santa" Inquisição, abandona a Espanha e, posteriormente, Portugal, para refugiar-se na Holanda, no final do século XVI.

Spinosa estudou profundamente a Bíblia e outros escritos hebraicos clássicos no *original.* Possuía o mais vasto conhecimento de filosofia, tanto da antiga quanto da do seu tempo. Particularmente impressionado com o monismo de Platão e de Giordano Bruno e, sobretudo, por causa de seu próprio espírito, tão universal como jamais se viu neste mundo, Spinosa não pôde mais concordar com as acanhadas, dogmáticas e literais interpretações dos textos sacros, segundo o costume da época. Não havia dúvida de que seria perseguido. E foi, tanto pelo Estado como pela Igreja.

Spinosa é bem o exemplo vivo do homem no qual a religião, a filosofia e a ética guardam perfeita harmonia entre si e são vividas igualmente nos planos, *tanto no superior da introvisão do Eu como no inferior da visão periférica do intelecto e do coração,* sendo esta decorrente do ego existencial.

Spinosa, "o maior dos judeus nos tempos modernos", na opinião de Huberto Rohden, mesmo excomungado, execrado, abandonado e odiado, não odeia ninguém e é benevolente com todas as criaturas de Deus.

Na tarde tranquila de um domingo, sentiu Spinosa esgotar-se o combustível vital, aos 44 anos de idade... e tranquilamente partiu para uma outra dimensão, morrendo tão espontaneamente como o apagar de uma vela, tão naturalmente como quem adormece.

82

GANDHI

Mohandas Karamchand Gandhi (1869 – 1948), aos 18 anos de idade, partiu da Índia para a Inglaterra a fim de estudar Direito. Sua mãe somente o permitiu após o filho ter-lhe prometido, em tríplice juramento, *manter-se sexualmente puro, não ingerir bebidas alcoólicas e não comer carne.* Cumpriu tudo à risca, mas com enormes dificuldades.

Durante sua estada na Inglaterra, que durou 3 anos, Gandhi leu a *Bíblia* e ficou muito impressionado, sobretudo, com o Sermão da Montanha.

Terminado o curso de Direito, Gandhi voltou à Índia, mas logo depois viajou para a África do Sul. Permanecendo ali por mais de 20 aos, aprendeu a lutar *por meios não-violentos* contra a violência inglesa, que era terrível para as minorias espezinhadas. A par disso, Gandhi transformou-se em *educador* na Colônia Tolstoi, que ele mesmo fundou.

Quando Gandhi começou a praticar, na África, sua poderosa *ahinsa* ou não-violência ativa, só dezesseis pessoas o acompanharam. Logo depois já eram 60.000... Todas as vezes que prendiam ou maltratavam Gandhi, o movimento crescia...

No final de 1914, já com 45 anos, Gandhi retornou definitivamente à Índia... Nessa altura, nem Gandhi nem os ingleses sabiam que uma nova luta muito mais memorável seria travada entre a falsidade e a verdade, entre a violência e a não-violência, com a vitória final da Verdade e da não-violência, graças ao *poder do Espírito.*

83

RAMANA MAHARISHI

Venkataraman (1879–1949), mais tarde Ramana Maharishi, nasceu numa aldeia perto da cidade de Madurai, ao Sul da Índia.

Sua vida, inicialmente, era comum e normal como a de qualquer outro menino de sua idade. Mas, aos 16 anos, ao ouvir pela primeira vez o nome *Arunachala* (montanha vermelha), todo o seu corpo vibrou e tremeu inexplicavelmente. Nunca mais foi o mesmo. Perdeu todo o interesse pelo mundo. Pouco tempo depois estava na montanha.

Lá, entrou em meditação contínua e silêncio total, só emergindo desse estado anos mais tarde. Nada lhe perturbava o repouso, fosse no vestíbulo do Templo, onde as crianças lhe jogavam pedras e cacos de vidro, fosse num porão úmido e sem luz, em que pulavam insetos, cujas picadas lhe deixavam feridas e cicatrizes indeléveis. Por mais de vinte anos o Maharishi meditou em cavernas nos flancos da montanha. Sempre guardou silêncio. Mas, ao surgirem os primeiros discípulos, ele passou a falar-lhes... Sem ter estudado as escrituras védicas, comenta-as, no entanto, com a mais transparente lucidez e com uma precisão tal, de que os mais conhecidos e festejados eruditos não eram capazes. Era conhecimento direto e espontâneo, auferido do *mestre superior interno*. Desde então, visitantes da Índia e de todo o mundo chegavam à Montanha em busca do Maharishi. Alguns desses discípulos, muito famosos, como Paul Brunton e Mouni Sadhu, tornaram-no célebre, a ele e ao seu método de MEDITAÇÃO TRANSCENDENTAL, hoje conhecido no mundo inteiro.

84

YOGANANDA

Paramahansa Yogananda (1873–1952) nasceu em Gorakpur, nordeste da Índia, perto do Himalaia. Seu verdadeiro nome era Mukunda Lar Ghosh. Tornou-se Yogananda, que significa *visão da divina beatitude,* em 1914, ao entrar para a Ordem Monástica dos Swamis, e recebeu o título de Paramahansa, *o mais alto cisne,* em 1935. Seus pais eram bengalis, da Casta *Xatria,* a segunda na hierarquia hindu, composta tradicionalmente de legisladores e guerreiros. Profundamente religiosos, eram muito evoluídos. Liam regularmente e praticavam o Bhagavad Gita. Além disso, eram discípulos de Lahire Mahasaya, de Benares, um santo capaz de desmaterializar e materializar o próprio corpo, à vontade. Eles só se uniam sexualmente numa determinada época do ano e somente para ter os filhos.

O mestre e guru de Yogananda, Sri Yukteswar, um homem sublime e místico sem igual, ordenou ao discípulo que se formasse em Direito e viesse ao Ocidente, transmitir-nos os segredos do *Kriya – yoga.* Assim foi feito. Hoje, a Self-Realization Fellowship, por ele fundada em 1920, com sede nos Estados Unidos, tem atuação no mundo todo.

Yogananda abandonou o corpo físico, voluntária e conscientemente, por meio de um *mahasamadhi,* em 1952, logo depois de um discurso que ele fez num banquete oferecido ao Embaixador da Índia. Como Jesus, ele podia depor a sua vida como queria e quando queria. Conforme registros oficiais, 20 dias após a "morte", seu corpo ainda estava tão normal e perfeito, que ninguém podia dizer que Yogananda não estivesse apenas dormindo...

85

ALBERT SCHWEITZER

Albert Schweitzer (1875–1965), músico, médico, escritor, teólogo e filósofo, era o mais brilhante intérprete de Bach que o mundo conheceu. Era um homem estranho... Julgava-se tão feliz, que pensava ter de pagar um alto preço por tamanha felicidade. Aos 21 anos, tomou uma decisão: dedicar-se-ia à teologia, à filosofia e à música até aos 30 anos e, a partir daí, poria a sua vida ao serviço imediato da humanidade. Cumpriu a promessa! Sem abandonar nenhuma das atividades anteriormente assumidas como *pregador, crítico, construtor de órgãos, conferencista, concertista e escritor,* estudou medicina e partiu para a África na qualidade de *médico-missionário.* Deixou para trás a mais florescente profissão, além de uma reputação e fama que crescia sem medidas. Deixou tudo! Chegando a Lambaréné, em plena mata virgem, às margens do Rio Ogowe, construiu um hospital... muitas vezes, com as próprias mãos. Mais do que médico, era um *anjo* a tratar os *esquecidos,* que sofriam de malária, problemas cardíacos, disenteria, elefantíase, supurações ósseas, lepra e feridas de todos os tipos, além de mazelas menos comuns. Clinicava e operava durante o dia, bem como estudava e escrevia à noite.

Como outros heróis da renúncia e do sacrifício, o dr. Schweitzer seria, possivelmente, um ilustre desconhecido, não fora sua obra filosófica e, principalmente, a necessidade de angariar fundos para manter seu hospital. Por isso, mais de uma vez, percorreu os países da Europa, fazendo conferências, dando concertos e divulgando sua ética do "VENERATIO VITAE", que o tornaram um dos homens mais célebres do século. Concederam-lhe, inclusive, o *Prêmio Nobel da Paz,* em 1953.

86

PIETRO UBALDI

Pietro Ubaldi (1886–1972), *o filósofo da dor,* nasceu em Foligno, perto de Assis, na Itália. Formou-se em Direito, embora preferisse Medicina. Poliglota, gostava de ler certas obras estrangeiras, como, por exemplo, *O Fausto,* de Goethe, no original. Aprendeu muito com os livros, porém, mais ainda com a dor, da qual foi discípulo, amigo e mestre. É daí que vem sua poderosa e incrível INTUIÇÃO.

A vida de Ubaldi desevolve-se num ritmo cíclico de três períodos, cada um mais ou menos, com 25 anos. O primeiro é espiritualmente tempestuoso e trágico. Considerado inepto e imbecil pela própria família, renunciou a toda a fortuna em favor dos demais herdeiros, elegeu a dor como companheira e foi viver como modesto professor de inglês em colégio estadual de ensino médio, numa região distante. Trabalhava muito, ganhava pouco, e, desse pouco, ainda distribuía a maior parte aos pobres. Seu segundo ciclo de vida é marcado pela grande obra: os 24 volumes que legou à posteridade, não sem ingentes esforços e enormes sacrifícios.

Em 1964, amigos de Pietro Ubaldi, tanto no Brasil como no estrangeiro, ofereceram seu nome ao *Prêmio Nobel de Literatura.* Vários escritores, no entanto, em todo o mundo, mesmo sem o conhecer, começaram a agredi-lo gratuitamente, e o prêmio foi para Jean-Paul Sartre... Quanta ironia!... Venceu a NÁUSEA!

O terceiro e último ciclo de Pietro Ubaldi é o brasileiro. Aqui veio ele para lançar as bases da nova Civilização do Terceiro Milênio, da Era do Aquário, desta vez, a ser baseada no Primado do Espírito e não mais nas ilusões da matéria.

87

HUBERTO ROHDEN

Huberto Rohden (1893–1981), cientista, teólogo, educador e filósofo, nasceu em Tubarão, Santa Catarina.

Aos 12 anos, como pré-seminarista, Rohden frequenta o Colégio São José, em Pareci-Novo, RS, onde é selecionado e preparado para ingressar, mais tarde, no Seminário Maior, em São Leopoldo. Com apenas 13 anos, já estuda, com rigor, teologia, latim, grego, dogmática e direito canônico. Ordenado sacerdote, é enviado a Florianópolis, como padre da paróquia local.

Huberto Rohden tem uma profunda experiência mística em 1924, depois de 30 dias de meditação intensa, sob a direção espiritual dos jesuítas.

Parte, então, para Innsbruck, na Áustria, onde faz cursos de ciências, teologia e filosofia. Novos cursos em Walkenburg, na Holanda, e Nápoles, na Itália. Ao regressar ao Brasil, traz vários cursos e títulos de Doutor.

Rohden faz novamente 30 dias de meditação em 1931, mas, desta vez, o Cristo, que diz ter visto e do qual dá seu testemunho, *não agrada aos jesuítas.* Passa a ser perseguido. Em 1942, todos os seus livros são proibidos junto ao clero brasileiro.

Entre 1945 e 1946, na qualidade de pesquisador, Rohden convive com seu ilustre colega Albert Einstein, na Universidade de Princeton, Estados Unidos. É a partir daí que passa a desenvolver sua magnífica *Filosofia Univérsica,* hoje, contida nos 67 volumes disponíveis de sua extraordinária e incomparável obra.

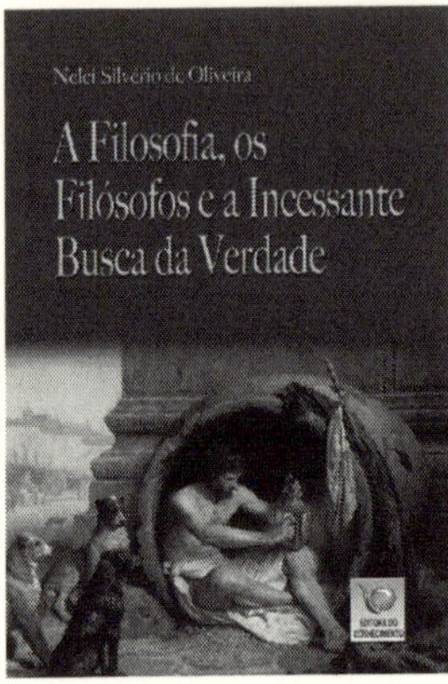

A FILOSOFIA, OS FILÓSOFOS E A INCESSANTE BUSCA DA VERDADE

Nelci Silvério de Oliveira
14x21cm – 270 p.
ISBN 978-85-7618-344-0

O mundo precisa de Filosofia, não de uma filosofia qualquer, e sim da filosofia autêntica e genuína, a Filosofia perene, cujos princípios são eternos e, consequentemente, não engendrados pela mente humana, mas intuídos por grandes sábios e autoiluminados. Essa filosofia verdadeira está centrada no homem; seu objetivo principal é a Realidade Absoluta, enquanto origem e destino de tudo quanto existe; tem a verdade como único caminho de retorno da existência à Essência, de todos os finitos ao seio do Infinito.

Este livro, ***A Filosofia, os Filósofos e a Incessante Busca da Verdade***, nos apresenta uma súmula dessa sabedoria filosófica universal, de forma sucinta e objetiva , abrangendo o que há de melhor e mais profundo, tanto no Ocidente quanto no Oriente. Em se tratando de Filosofia, raramente se tem uma obra tão completa e que não se limita a uma mera exposição de doutrinas, mas revela uma postura eminentemente investigativa.

O leitor atento perceberá que todos os autênticos filósofos, de todos os tempos e lugares, que realmente se fizeram sábios, cultivaram e mantiveram fidelidade aos superiores princípios e ideais da sublime Filosofia, que aqui se expõe.

CÂNTICOS DA ALMA
foi confeccionado em impressão digital, em julho de 2021
Conhecimento Editorial Ltda
(19) 3451-5440 — conhecimento@edconhecimento.com.br
Impresso em Luxcream 70g, StoraEnso